だいわ文庫

防犯・防災
ひとり暮らしのあんしんBOOK

セコム・女性の安全委員会

大和書房

はじめに

現代を生きる女性のライフスタイルはさまざま。

女性がのびのびと、そして自信を持って活躍できる場が増えつつある一方、帰宅が夜遅くなることもあるなど、不安な思いをする機会が多くなりました。

わたしたちセコム株式会社は２００７年から女性社員が集まり、セキュリティのプロとしての視点と、女性ならではの観点から女性向けの防犯・防災情報を発信しています。

対策を知らずに悲しい思いをする女性がひとりでも減ってほしい、

そしてひとりでも多くの女性に「防犯・防災」を身近に感じ、自分のこととして捉えて対策に取り組んで欲しいとの想いで日々活動しています。

そして今回、大和書房様からお声がけいただき、ひとり暮らしの女性が安心して毎日を過ごすために知っておきたい「防犯・防災」のアイデアを1冊の本にまとめました。

活躍の場を広げる女性の皆さまが、安全で快適な毎日を過ごすために、改めて防犯意識・防災意識を見直すきっかけとしてご活用いただけますと幸いです。

2019年4月

セコム・女性の安全委員会

防犯・防災 ひとり暮らしのあんしんBOOK 目次

第1章 ひとり暮らしに安心を！
自宅の防犯アイデア

第2章 毎日を安全・快適に 外出中の防犯アイデア

第3章

いざというとき、どう動く？

防犯シミュレーション

第4章

身近だからこそ知っておきたい

ネットセキュリティのアイデア

第5章 わたしの命を守るために ひとり暮らしの防災アイデア

第6章 防災シミュレーション

いざというとき、どう動く？

第1章

ひとり暮らしに安心を!

自宅の防犯アイデア

Q

防犯まちがい探し〈自宅編〉

お部屋の防犯対策は毎日の心がけが大切。〝まちがっているもの〟を4つ探してみましょう。あなたは見つけられますか？

答えは次のページ

防犯まちがい探し〈自宅編〉解答

A

1 女性だとわかる洗濯物を外に干している

女性のものだとわかるような洗濯物は外から見えないように干しましょう。下着は部屋干しに。

➡ P20 へ

2 窓に補助錠がついていない

窓もドアも、ワンドア・ツーロックが基本です。補助錠は、窓の上部につけるのがおすすめ。

P16へ

3 女性らしいカーテン・小物

外から見えるカーテンの色や柄はシンプルなものを選びましょう。性別がわかるような小物にも注意。

P16へ

4 ゴミ箱にDMをそのまま捨てている

個人情報が記載された書類を捨てるときは、「家庭用シュレッダー」を利用するか、個人情報が記載されている部分を黒く塗りつぶしましょう。

P24へ

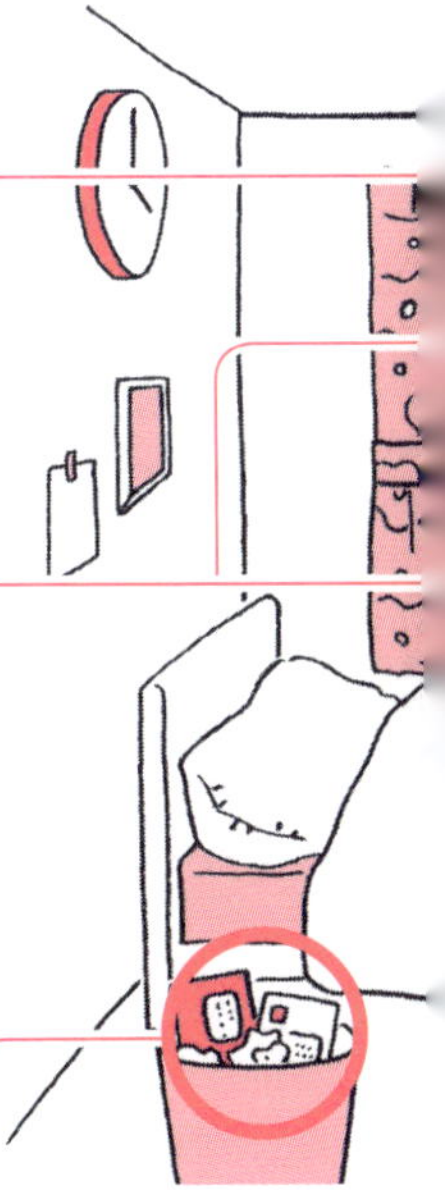

●女性が安心して暮らすために

ひとり暮らしの女性にとって、心地良い暮らしのためにも「安全」と「安心」は欠かすことのできない要素です。

セコムが10代から30代の女性200名を対象に行った調査（※1）では、多くの女性が「痴漢」「ストーカー」「ネット・SNSトラブル」の順番に犯罪被害に遭う不安を感じていると答えました。

しかし、「実際に犯罪被害にあったとき、どのような対応をとりましたか」という質問では、半数が「何もできなかった」と答えています。

また、セコムが全国の男女500名に行った調査（※2）では今後の治安悪化や犯罪増加に不安を感じている人が全体の81%にのぼることがわかりました。

しかし実際に「防犯のために対策をしていますか」という質問に「対策をしている」と答えた人は全体の29％と低く、特に20代女性は26％、30代女性は20％にしかすぎず、犯罪に遭う不安を解消するために対策を講じている人は少ないのが実態です。

日本の刑法犯認知件数は２００２年をピークに減少していますが、それでも年間１００万件近くの犯罪が起きています。実際に犯罪に遭っても「何もできない」人が半数というのは悲しいこと。日ごろからどんな犯罪があるかを知り、ちょっとしたことでも対策を知っておくことが大切になります。

「安全・安心」な毎日を送るために、今日から始められる防犯のアイデアをぜひ取り入れてみてください。

※1『女性の「安全・安心」に関する調査』　※2『日本人の不安に関する意識調査』
（いずれも2018年12月にインターネットによるアンケート回答方式で実施）

小さな工夫で手軽に対策！

不審者を寄せつけない部屋づくり

CHECKPOINT

- 窓ガラスには補助錠や防犯フィルムを
- ドアスコープに目隠しをする
- 女性らしいカーテン・小物は外から見えないように
- 不審者によるマーキングに注意

●窓ガラスには補助錠や防犯フィルムを

自宅の防犯でまず対策をとりたいのが窓ガラス。窓ガラスは、小さく割って手を入れることでクレセント錠を開け、短時間で簡単に侵入することができるタイプもあります。賃貸住宅なら両面テープで窓のサッシに貼り、ポンと押すだけでセットできる引き戸用補助錠が簡単でおすすめ。

侵入に手間がかかるよう、補助錠の設置位置は窓サッシの上部。上部のほうが、侵入者が立って解錠作業をしなければならないため、犯行時に目立ち、周囲に気づかれやすくなります。ガラスを割られないように防犯フィルムを窓ガラス全体に貼るのもおすすめです。

●ドアスコープに目隠しをする

来訪者を確認できるドアスコープも、タイプによっては外から家の中が見えてしまう危険があります。普段はテープやマグネットなどで目隠しをしておくと安心。ドアに郵便受けがついている場合も、同じように中が見えないように工夫することが大切。

ドアのこじ開け防止のためのガードプレートやサムターン回しという侵入手口を防止するカバーなどの防犯グッズも市販されているので、住まいに合わせて使いたいですね。

●女性らしいカーテン・小物は外から見えないように

外から女性の部屋だとわからないよう、カーテンの色や柄はシンプルなものがおすすめです。

また、レースのカーテンは意外と部屋の中が見えてしまうもの。外から見えにくい「ミラーレース」のカーテンが安心です。

MEMO

窓を開けて換気したいときは補助錠を有効活用。
5～6センチ開けたところで止まるように設置

●不審者によるマーキングに注意

表札や郵便受け、ガスメーターに不審なシールやメモ、例えば「F8~20（女性・8時から20時まで不在、の意味）」などの暗号のような記入がある場合は要注意です。これはマーキングといい、不審者が犯行前に書き残し、実際の犯行時の参考にすることがわかっています。

万一、マーキングを見つけた場合はすぐに消しましょう。マーキングをそのままにしていると、格好のターゲットになってしまいます。

今日からできる！

ひとり暮らしの安心習慣

CHECKPOINT

- 洗濯物は部屋干しがベター
- どんなに小さい窓でも不在の部屋は施錠する
- ひとり暮らしでも「いってきます！」「ただいま！」
- 短時間の外出でも必ず鍵をかける
- 郵便受けは毎日チェック

●洗濯物は部屋干しがベター

女性ものの洗濯物を外に長時間干しっぱなしにすると、女性のひとり暮らしだと周囲に知られてしまいます。夜になっても洗濯物が取り込まれない状況を見て留守だと判断した空き巣に狙われることも。自分自身がターゲットにされ、性犯罪の被害に遭う危険もあります。2階以上の部屋でも外に洗濯物を干すときは、外側にタオルやシーツなど女性らしさを感じさせないもの、内側に洋服など性別のわかるものを干すようにし、下着は部屋干しにしましょう。

●どんなに小さい窓でも不在の部屋は施錠する

換気のために、お風呂やトイレの小窓は開けておきたくなりますが、たとえ小さな窓でも人間は肩幅が入れば通り抜けられるため、30㎝四方もあれば侵入できると言われています。小窓でも不在の部屋はしっかり鍵をかけましょう。また、窓に面格子がついているからといって安心はできません。外からはずすことができるものもあります。

●ひとり暮らしでも「いってきます！」「ただいま！」

女性のひとり暮らしと悟られないために、玄関を出入りする際に同居人がいるかのように「いってきます！」「ただいま！」と言うことも、防犯としておすすめです。帰宅時はインターホンを押しても良いですね。また、鍵をとり出す前に必ず周囲に不審者がいないか確認する習慣をつけましょう。

●短時間の外出でも必ず鍵をかける

ゴミ出しや、新聞・郵便物を取りに行くちょっとした時間でも、必ず鍵をかけることを意識しましょう。オートロックで安心してし

ときどき部屋に親や友人を呼び、常にひとりではないことをアピールするのもいいですね

まうのは危険です。出入りしている人が、必ずしもその建物の住人とは限りません。

●郵便受けは毎日チェック

郵便受けは毎日チェックし、郵便物やDM、チラシ類はこまめに回収しましょう。何日も回収せず郵便物やチラシがあふれていると、泥棒など不審者に「この家の住人はだらしないな」という印象を与え、狙われやすくなる可能性も。また、郵便受けの口から郵便物があふれていると、住所や名前などの個人情報が知られてしまうので注意しましょう。

ゴミ箱は個人情報の山!?

DMや明細はそのまま捨てない

CHECKPOINT

- ゴミから情報を集めての犯罪も
- 住所や名前入りの書類は必ずシュレッダーに
- ゴミは中身が見えないようにする
- ゴミはなるべく収集時間の直前に出そう
- 衣類や下着の捨て方にも注意

●ゴミから情報を集めての犯罪も

家庭のゴミやATMコーナーのゴミ箱から明細書を拾い出し、その個人情報を悪用するという事件が実際に起きています。

また、ストーカー被害に遭っている場合はゴミから個人情報を盗み出され、被害者の情報が知られてしまったというケースも。特にゴミの捨て方には細心の注意が必要です。

●住所や名前入りの書類は必ずシュレッダーに

名前や住所、連絡先などの個人情報が記載されている書類（郵便物、クレジットカードの領収書、請求明細書など）を捨てる場合は、個人情報部分を黒く塗りつぶすか、シュレッダーにかけてからにしましょう。

個人情報が載っていないレシートも、趣味嗜好がわかってしまうのでそのまま捨てないほうが無難です。市販されている個人情報保護のための目隠しスタンプや複数枚の刃がついているシュレッダーばさみもとても便利です。

●ゴミは中身が見えないようにする

多くの自治体でゴミ出しの袋は半透明袋になっていますが、入れ方によっては中身が透けて見えてしまうこともあります。

他人に見せたくないものは色のついた袋や紙袋に入れてから、ゴミ袋に入れるようにしたほうが安全です。

●ゴミはなるべく収集時間の直前に出そう

ゴミはできるだけ、収集時間の少し前に出しましょう。24時間ゴミを出せるゴミ収集所もありますが、夜間など人目につかない時間帯に長時間ゴミ袋が置かれたままになっているのは危険。女性のひ

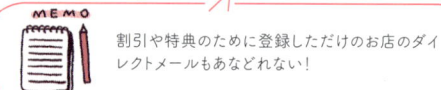

割引や特典のために登録しただけのお店のダイレクトメールもあなどれない！

とり暮らしの場合、ゴミと言えども個人情報が詰まっていたり、他人に見られたくないものも多いですよね。

なるべくゴミ置き場にある時間は短くしたいものです。

●衣類や下着の捨て方にも注意

女性ものの衣類や下着をゴミに出す場合も注意が必要です。切り刻むなどしてから、透けて見えないように不透明な袋に入れて出しましょう。

あなたの部屋にも？

盗撮・盗聴対策

CHECKPOINT

- ✓ 盗撮カメラ・盗聴器は簡単に手に入る
- ✓ 引っ越し先の部屋に残されていたものは使わない
- ✓ 知らない人からのプレゼントは受け取らない
- ✓ 家具の裏など見えない場所に仕掛けられやすい

●盗撮カメラ・盗聴器は簡単に手に入る

今や盗撮カメラや盗聴器はだれでも安価で手に入れることができ、スマホなどで簡単に遠隔操作できるものもあります。さらに機器自体が小型化しているため、盗撮に使われるカメラは直径1㎜程度の穴があれば設置することが可能なものも。

電源が電池式であれば、電池がなくなり次第送信は止まります。しかし、中には壊れない限り、半永久的に送信し続けられるタイプもあり、設置されていることに気づきにくくなっています。家だけでなく公共のトイレやマンション、アパートの共用部分でも注意が必要です。

●引っ越し先の部屋に残されていたものは使わない

盗撮や盗聴の危険を取り除く方法としては、まず引っ越し先の部

防犯 ネット 防災

屋に残されていたものは使わないこと。電源タップ（テーブルタップ）や二股コンセントに機器が仕込まれていることもあります。火災警報器も、大家さんや不動産会社が設置したものかどうか確かめましょう。

●知らない人からのプレゼントは受け取らない

防犯という観点から、見知らぬ誰かからのプレゼントはもちろん受け取るべきではありません。

たとえ知人でも親しくない相手からのプレゼントは一度疑ってみることも必要です。プレゼントとして贈られたぬいぐるみや小物、バッグなどに盗聴器や発信機が埋め込まれている可能性もゼロではありません。

心配な場合は市販されている「盗聴・盗撮機発見センサー」でチェック！

●家具の裏など見えない場所に仕掛けられやすい

テーブルやテレビ、時計の裏など、日常生活の死角になる場所に盗撮・盗聴の機器が仕掛けられていることがあり、掃除をしていて発見するケースもあるようです。

普段死角になるような部分を定期的に掃除することも盗撮・盗聴を防ぐひとつの方法です。

防犯
ネット
防災

強制わいせつ・強制性交の多くは住宅内で発生！

在宅時の不審者侵入対策

CHECKPOINT

- 部屋の出入りには最大の注意を払う
- オートロックを過信しない
- 訪問者にはチェーンをかけたまま対応
- 玄関から見える女の子らしい小物に注意
- 2階以上の部屋でも窓を開けっぱなしにしない

●部屋の出入りには最大の注意を払う

犯人がターゲットに狙いを定めている場合、女性の外出中に玄関近くの物陰に隠れて待ち伏せし、帰宅してドアの鍵を開けた瞬間、背後から襲うケースもあります。ドアの前で鍵をとりだす前に一度まわりを見回しましょう。なるべく見知らぬ人と一緒にエレベーターに乗り合わせないことも重要です（詳しくは80ページで紹介）。

●オートロックを過信しない

共用玄関にオートロックが付いていても、不審者が住人と一緒に共有玄関を通る「共連れ」という手口もあります。ゴミ出しなど短時間でも、部屋を出るときは必ず施錠することが大切です。

防犯
ネット
防災

●訪問者にはチェーンをかけたまま対応

宅配や住宅点検、同じマンションの住人を装って押し入る手口もあります。見知らぬ人への対応は必ずチェーンをかけて。宅配便の荷物を受け取るときも、チェーンをかけたまま対応すると安心です（詳しくは１０６ページで紹介）。宅配ボックスがある場合は活用しましょう。特に、予定にない荷物の配達なら警戒心をもって対応してください。なお、相手へのマナーも忘れずに。「今、手が離せないので……」などひとこと添えたいですね（詳しくは１０６ページで紹介）。

●玄関から見える女の子らしい小物に注意

日頃から注意しておきたいのは、玄関から部屋の中を見たときに女性のひとり暮らしだと推察されないこと。玄関から見えるインテリアは性別を悟られないものにしましょう。部屋が一目で見渡せな

自分以外が出入りする可能性がある玄関スペースにはカギを置かず、部屋の奥にしまいましょう

いように、つい立てやカーテンで仕切っておくのも大事です。

●2階以上の部屋でも窓を開けっぱなしにしない

夏の夜はつい窓を開けたままにしたくなりますが、冷房を使って窓は閉めましょう。2階以上でもエアコンの室外機や駐輪場の屋根などを足場にして侵入されるケースもあります。

窓の外側に設置されているシャッターがある場合もガラス窓の鍵をきちんと閉めましょう。

玄関から見て女性の
ひとり暮らしとわからない
ように工夫を！

引っ越し前に知っておきたい！

「安全・安心」な物件選び

CHECKPOINT

- ✓ 2階以上も侵入経路をチェック
- ✓ ゴミ置き場の掃除が行き届いている
- ✓ ベランダや窓が、道路から見える
- ✓ 敷地内や共用部は住人以外簡単に出入りできない
- ✓ 駐輪場や駐車場は見通しが良く、夜間も明るい

●2階以上も侵入経路をチェック

住まい選びは、つい外観や内装で判断しがち。でも女性のひとり暮らしの場合は「安全・安心」を優先して選びたいですね。安全と安心がなければ、快適な暮らしとは言えません。特に、窓からの侵入が容易で、部屋の中が簡単にのぞける環境は安心できません。2階以上は大丈夫！　と思いがちですが、2階以上の部屋でも、エアコンの室外機や配管、雨どいなどが足場となって侵入しやすい部屋もあります。建物の外側から部屋をしっかり観察して、簡単に侵入できるような経路がないかどうかチェックしましょう。

●ゴミ置き場の掃除が行き届いている

集合住宅の場合、ゴミ置き場や郵便受けまわりなど共用部がきちんと掃除・整頓がされているかが重要ポイントです。ゴミ置き場が

防犯
ネット
防災

乱雑だったり、ゴミ収集の日でもないのにゴミが出されていたり、集合郵便受け付近にチラシが散らばっていませんか。掃除や整頓がされていない場合は、それだけ人の目が行き届いていないということ。大家さんや不動産会社などに任せっきりにするのではなく、住人同士で掃除や整頓を心がけたいですね。

●ベランダや窓が、道路から見える

高層階でも安全とは言いきれません。屋上から不審者が侵入する場合もあります。高層階は、ベランダや窓が死角になりやすいもの。物件のまわりの道路を歩いてみて、万一侵入者がベランダにいた場合、人目につきやすいかどうかを確認しましょう。

●敷地内や共用部は住人以外簡単に出入りできない

共用玄関に管理人さんがいることや、オートロック付きの扉があ

共用玄関にオートロックがある建物も、過信せず、自分でも防犯対策を！

って敷地内や共用部分に住人以外が容易に入れないことは大切です。ただし共有玄関のオートロックを過信しないこと。住人の後ろに続いて、何食わぬ顔で不審者が建物内に入り込むこともあります。

●駐輪場や駐車場は見通しが良く、夜間も明るい

駐輪場や駐車場は犯罪に巻き込まれないように、特に注意が必要なスポット。これらの場所は見通しが良く、夜も明るいことが大事です。人が近づくと自動で点灯するセンサーライトが防犯カメラとともに設置されているとより安心です。

引っ越し前に知っておきたい!

設備のチェックポイント

CHECKPOINT

- モニター付きインターホンがある
- 玄関ドアと窓はワンドア・ツーロック
- 防犯性能の高い玄関ドアの鍵を使っている
- エントランスに防犯カメラがある
- 他人が取り出せない形の郵便受け

●モニター付きインターホンがある

女性のひとり暮らしにあると安心なのが、モニター付きインターホン。応対する前に、どんな人が来たのかをあらかじめ確認できるのは安心です。また、録画機能付きのインターホンであれば、不在時に来訪者があった場合、帰宅後に確認できます。空き巣は住人の留守をインターホンで確認することもあるので、見覚えのない人が何度も来ているようであれば、警察に相談を。

●玄関ドアと窓はワンドア・ツーロック

ドアに2つの鍵をかけることを「ワンドア・ツーロック」といいます。鍵を2つ取りつけていれば、侵入するのに時間がかかり、泥棒があきらめる確率が高くなります。

防犯
ネット
防災

●防犯性能の高い玄関ドアの鍵を使っている

入居者が変わるごとに新しい鍵に交換しているか、防犯性能の高い鍵であるかを確認しましょう。以前の住人が複製したカギを持っている可能性があるかもしれません。ぜひ大家さんや不動産会社などに確認してください。

●エントランスに防犯カメラがある

エントランスに防犯カメラがあると安心。不審者対策だけでなく、郵便物の盗難やいたずらの防止にも役立ちます。

●他人が取り出せない形の郵便受け

郵便物は個人情報の塊（かたまり）です。郵便受けがロック機能のないタイプであれば、自分で鍵をつけましょう。

鍵はピッキングされにくいものを。古いタイプのディスクシリンダー錠などは危険！

郵便受けの受け口は幅が広すぎると、手を差し込んで郵便物が取り出せてしまうので注意。

また、郵便受けに自宅の鍵を入れておくのは絶対にやめましょう。空き巣犯が郵便受けから鍵を取り出し、合い鍵をつくってからもとに戻し、後日侵入したというケースもあります。

不用心な郵便受けだった場合は大家さんや不動産会社などに郵便受けの付け替えを交渉してみてください。セキュリティ対策として改善に取り組んでくれる可能性があります。

1ドア
2ロックが
基本！

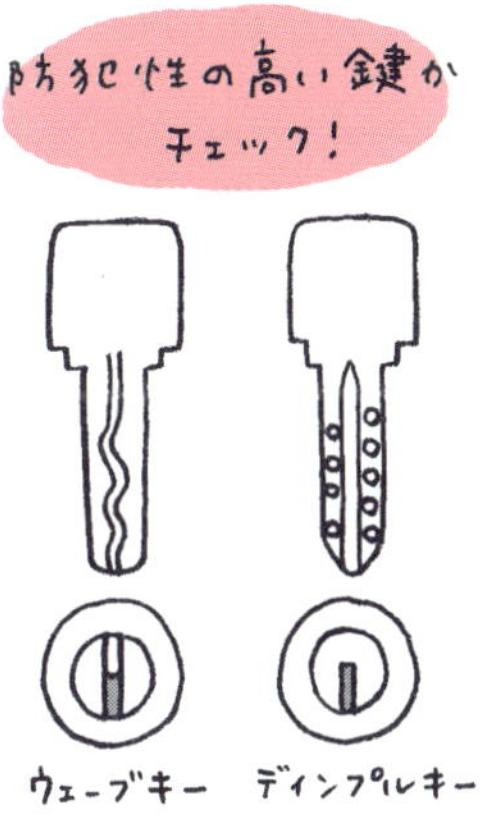
防犯性の高い鍵か
チェック！
ウェーブキー
ディンプルキー

引っ越し前に知っておきたい！

安全で住みやすい周辺環境

CHECKPOINT

- 安全な通学・通勤ルートが複数ある
- 昼だけでなく、夜の周辺環境もチェック
- 駅近でも公園や駐車場のそばは要注意
- 万一のとき、助けを求められる場所を確認
- 地域の治安を調べてみよう

●安全な通学・通勤ルートが複数ある

最寄り駅やバス停から自宅へのルートが、昼も夜も安全であることが大切です。さらに、安全なルートを複数持つことができる物件がおすすめ。しかし、安全なルートだからといって、毎日同じ時間帯に同じルートを歩くのは、ライフスタイルを他人に知られてしまうことになるので危険です。ライフスタイルを悟られないことは、ひとり暮らしの安全にとって、とても大切なことです（詳しくは68ページで紹介）。

●昼だけでなく、夜の周辺環境もチェック

住まい周辺の環境は、昼と夜、平日と週末で、雰囲気が全く違うことがあります。日中は多くの人で賑わう駅前も、夜になるとお店が閉まり閑散とした雰囲気になることも。住まいを内覧するときは

防犯
ネット
防災

部屋の中だけでなく、最寄り駅やバス停から住まいまでを昼と夜の両方歩き、周辺環境を確認しておきたいですね。夜の環境チェックは用心のために、親族と一緒に行くか、「夜の様子も知りたい」と伝えて不動産会社などに同行をお願いしましょう。

●駅近でも公園や駐車場のそばは要注意

駅から近くても夜間に人気のない公園や駐車場のそばを通らないと帰れない物件は気をつけたほうが良いでしょう。昼間は賑やかな公園や頻繁に人の出入りがある駐車場でも、夜は照明が少なく、人気もなくなり犯罪の発生率が高い場所になることも。

●万一のとき、助けを求められる場所を確認

帰宅ルートに助けを求められる場所があると安心。交番や夜でも営業しているコンビニ、ファミリーレストランなどがあると心強い

MEMO

全国防犯協会連合会が認定する「防犯優良賃貸集合住宅」も住まい選びの参考に

です。防犯面だけでなく、スーパーや病院など生活に必要な施設がどこにあるかも、契約前に確認しておくと便利で安心ですね。

●地域の治安を調べてみよう

事前に新しい住まい周辺の犯罪情報を収集することも大切です。最寄りの警察のWebサイトなどで、近隣の被害状況を確認してみましょう。

さらに、近隣の警察や自治体が配信しているメールマガジンなどに登録しておけば、その地域の犯罪発生状況などがわかります。

ご近所付き合いについて

挨拶する？　しない？

CHECKPOINT

- 引っ越しの挨拶は慎重に
- 物件の雰囲気について聞いてみる
- 入居時の挨拶をするなら苗字だけ
- 防犯のために日常的な挨拶をする
- 大家さんと良好な関係を持つ

●引っ越しの挨拶は慎重に

女性のひとり暮らしの場合、入居時に隣や上下の部屋の住人への挨拶をどうするか、迷いますよね。挨拶したことで名前と、女性のひとり暮らしであることを知られ、目をつけられてしまうケースもあります。逆に挨拶をしないことがきっかけで、隣近所と良好な関係を築けず、トラブルの際に助けを求められなかったというケースも。挨拶をするもしないも、慎重さが必要です。

●物件の雰囲気について聞いてみる

大家さんや不動産会社などに、自室の隣や上下の部屋にはどのような人達が住んでいるのか聞いてもいいでしょう。入居時の挨拶についても、どうしたらいいのかを相談するのもひとつの方法です。

●入居時の挨拶をするなら苗字だけ

もし引っ越しの挨拶をするときは、フルネームではなく、苗字だけを伝え、学校や会社の名前は言わないようにしましょう。親切な人なのか、不審な人なのかがわからないまま、個人情報を話してしまうのは危険かもしれません。親族と一緒に挨拶をすると安心ですね。

表札にも郵便受けにもフルネームを書く必要はありません。なにも書かないか、苗字だけにして、女性のひとり暮らしだとわからないようにしてください。

●防犯のために日常的な挨拶をする

近隣の住人と建物内で会ったときには挨拶をしましょう。もし暮らしぶりを聞かれたら、「親がよく泊まりに来るんです」などと、人

MEMO

自分でアンテナを張り、周りの危険を察知する力を養うのも大切！

の出入りが多いことを強調しておきます。
挨拶をするといっても、必要以上に愛想良くする必要はありません。

●大家さんと良好な関係を持つ

もし信頼できる大家さんが同じ建物や近所に住んでいたら、ときどき挨拶をして良好な関係を築いておくのがおすすめ。

ガスや電気の点検作業のとき、ひとりで対応するのは心細いという場合は、大家さんや不動産会社などに立ち合いをお願いするのもよいでしょう。

防犯
ネット
防災

楽しい旅行・帰省のために…

長期不在時の防犯

CHECKPOINT

- ワンドア・ツーロックを忘れずに！
- 郵便局に不在留め置きを依頼、新聞も止める
- 窓のシャッターは閉めないほうが安全な場合も？
- タイマー付き照明やIoT照明も活用

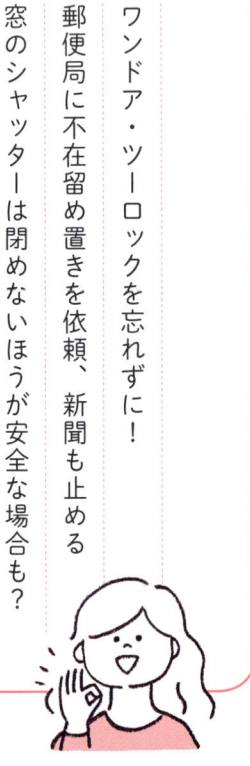

●ワンドア・ツーロックを忘れずに！

防犯対策の基本は施錠。旅行前はすべてのドア・窓をしっかり施錠したかどうか、チェックしましょう。ひとつのドアや窓に2つの鍵がついていれば、両方の鍵をかけることを忘れずに。ワンドア・ツーロックにしておくと、不審者が侵入するのに時間がかかり、犯行をあきらめる可能性があります。設置されている鍵がひとつしかないドアや窓には、市販されている補助錠を設置して、ワンドア・ツーロックにしましょう。

●郵便局に不在留め置きを依頼、新聞も止める

郵便受けにDMやチラシがたまっていると、すぐに長期間不在だとわかってしまいます。さらに郵便物があふれてしまうと、鍵をかけていても個人情報を知られる危険も。郵便物は、郵便局で「不在

届」の手続きをすると、一定期間局留めにできます。新聞は、事前に販売所に連絡して配達を一時停止してもらいましょう。

●窓のシャッターは閉めないほうが安全な場合も？

シャッター付きの窓の場合、閉めっぱなしにしていると、不在が続いていることが一目瞭然。どうするか迷うところです。

人通りのない場所に窓があり、死角となっているなら、シャッターを閉めてがっちりガードしましょう。泥棒は侵入に時間がかかることや大きな音が出ることを嫌います。侵入を感知して鳴るアラームも役立ちます。

窓が人通りの多い道路に面している場合はシャッターを閉めず、カーテンだけを閉めるほうが良い場合もあります。次に紹介するタイマー付きの照明やスマホで操作できるIoT照明を活用して、夜だけ照明をつけて在宅を装う方法もあります。

自分の部屋の窓が道路からどのように見えているのか、確かめてみよう

●タイマー付き照明やIoT照明も活用

夜になっても照明がつかないと、「あの家は留守だ」とわかってしまいます。泥棒の多くは下見をします。留守だとわからないように、タイマーを設定するなどして、夜間に照明がつくようにしておくとより良いですね。買い換えの際にはそうした機能もチェックしてみてください。スマートフォンで遠隔操作できるIoT照明も便利ですが、ネット通信のリスクがあることを忘れずに。安全性を確認してから利用したいですね。

COLUMN

家にいるから100%安心とは限らない!

在宅中の侵入者にも要注意

「泥棒＝空き巣」と思いがちですが、留守のときにだけ侵入されるとは限りません。泥棒の種類は侵入のタイミングで3つに分けられます。

・空き巣…留守宅に侵入
・居空き…住人が在宅時に侵入
・忍び込み…住人が就寝時に侵入

警察庁のデータ（2017年）によると、住宅侵入窃盗の手口は「空き巣」が圧倒的に多いものの、住人がいるときに侵入する「居空き」と「忍び込み」を合わせると、全体の3割を超えます。

在宅時の侵入は金品を盗まれるだけでなく、もし泥棒と鉢合わせしてしまった場合、自分の身に危険が及ぶことも考えられます。「居空き」と「忍び込み」はものを盗られるだけでなく、身体までも傷つけられる可能性があるのです。

在宅時の侵入者対策として大切なのは、普段から家にいるときも全ての出入口をしっかり施錠し、就寝前には必ず戸締りの確認をすること。

また、ガラスを割る音は日常生活の雑音にかき消されてしまうこともあるため、在宅時でもガラスを破って侵入されてしまう可能性も。窓ガラスに防犯フィルムを貼るとさらに安心ですね。

第2章

毎日を安全・快適に！

外出中の防犯アイデア

Q

防犯まちがい探し〈夜道編〉

人通りが少なく、街灯のない暗い夜道は、犯罪発生率が高まる場所のひとつ。夜道を歩くときに〝まちがっているもの〟を4つ探してみましょう。

答えは次のページ

A

防犯まちがい探し〈夜道編〉解答

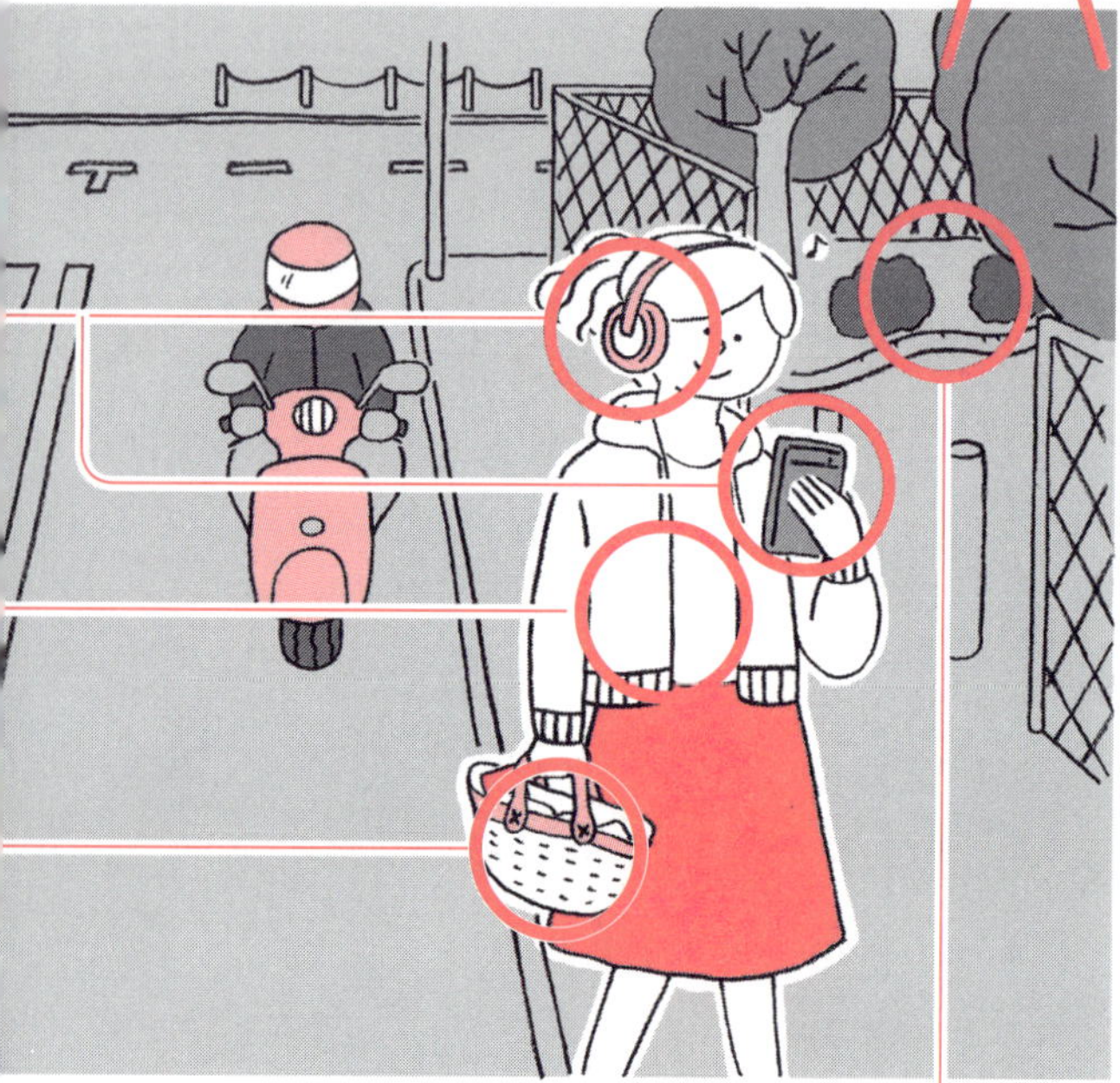

1 暗い公園の横を通っている

人目がなく、見通しの悪い夜の公園や駐車場を警戒心なく通るのはNG。なるべく人通りのある道を選ぶようにしましょう。

P84へ

2 ながら歩きをしている

「スマホを操作しながら」「イヤホンで音楽を聴きながら」など、"ながら歩き"は犯罪や事故に遭うリスクを高めます。

➡ P84へ

3 車道側を歩いている

ひったくりの手口は、バイクや自転車を使ったものがほとんどです。車道から遠ざかり、ターゲットにされないようにしましょう。

➡ P76へ

4 バッグを車道側に持っている

車道と反対側にバッグを持つことを意識しましょう。また、普段からバッグの口は閉めておくこと。

➡ P76へ

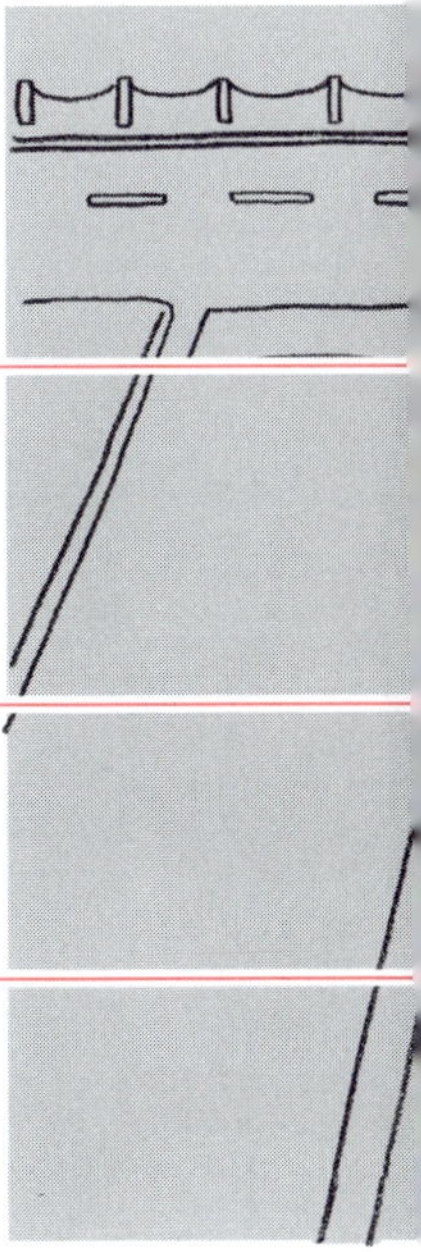

Q

防犯まちがい探し〈バッグ編〉

毎日使うバッグは防犯を意識したものにしておきたいですね。
普段使うバッグについて〝まちがっているもの〟を4つ探してみましょう。

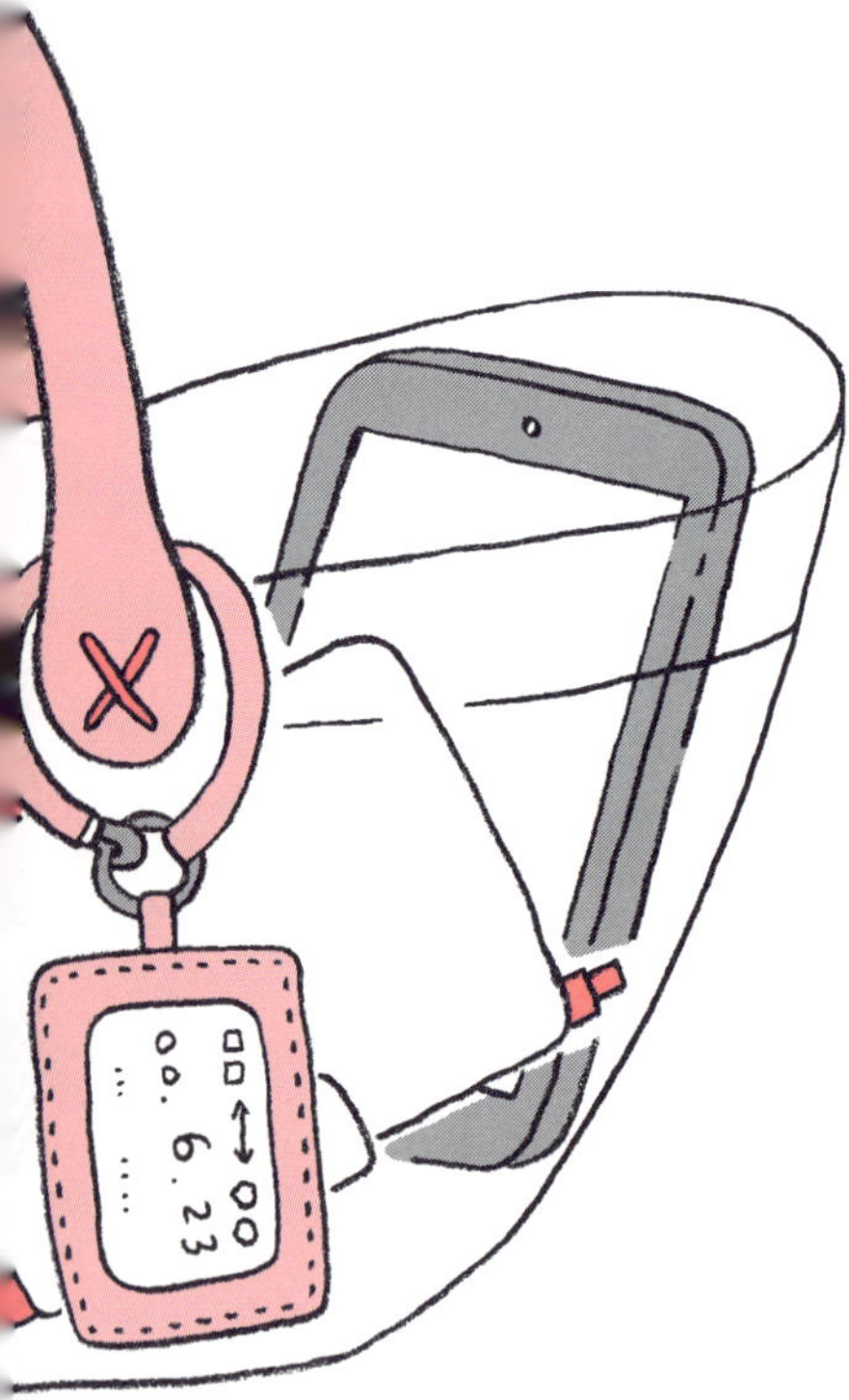

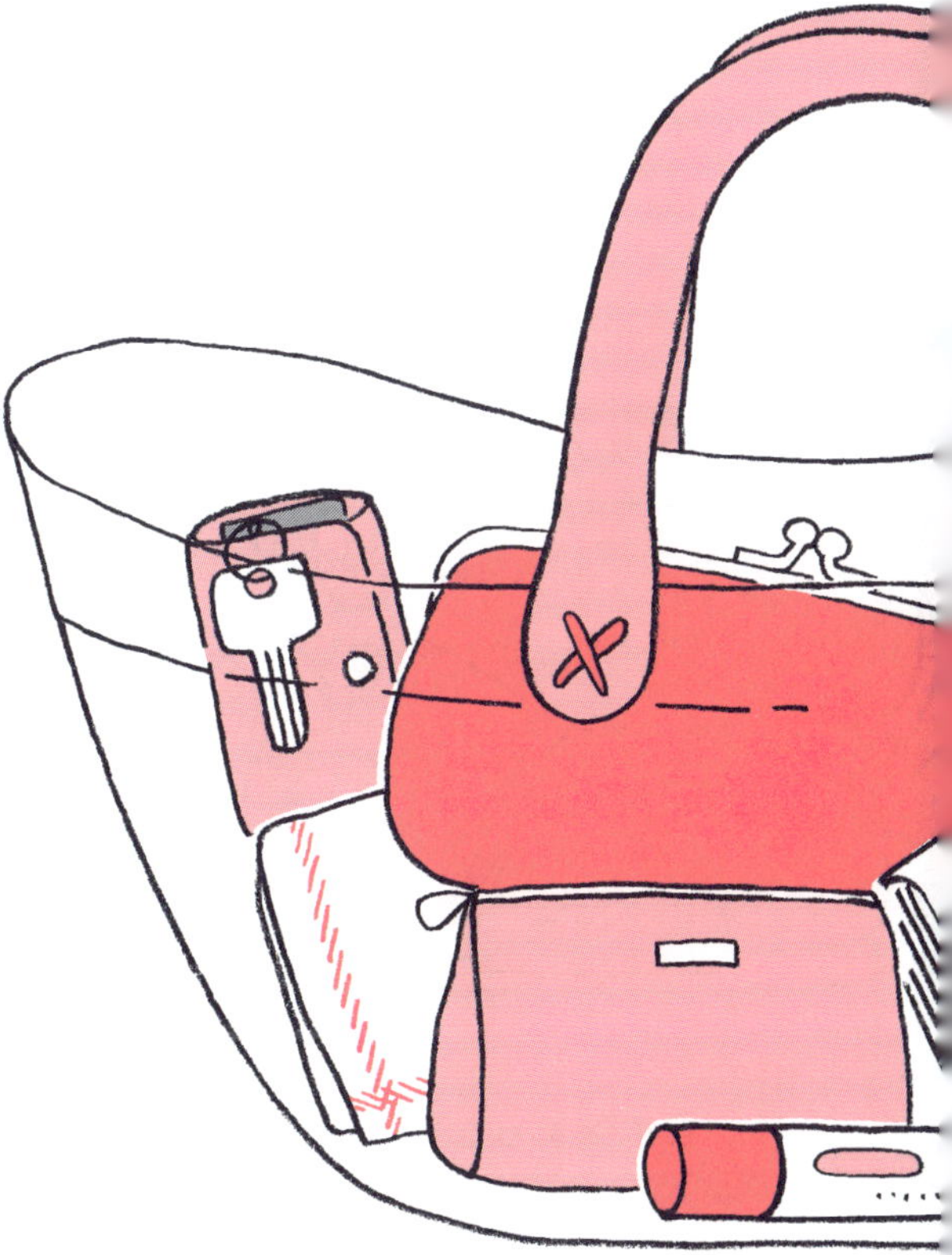

答えは次のページ

防犯まちがい探し〈バッグ編〉解答

A

1 口の閉まらないバッグを使っている

口の閉まらないバッグを使っていると、簡単に中身が見えて、中のものを盗ることができるためスリのターゲットになる可能性も。

➡ P76 へ

2 外から見える場所に貴重品がある

ひったくりやスリに狙われないために、お財布や家の鍵のような貴重品はバッグの下のほうへ。

P76へ

3 防犯ブザーをつけていない

防犯ブザーは、外から見える場所に。防犯意識が高いことを周囲にアピールできるほか、自分への防犯意識のリマインドにもなります。

P72へ

4 定期券をバッグの外につけている

定期券に書いてある乗降駅や名前は大切な個人情報。見えないようにパスケースはバッグの中に入れて持ち歩くようにしましょう。

P92へ

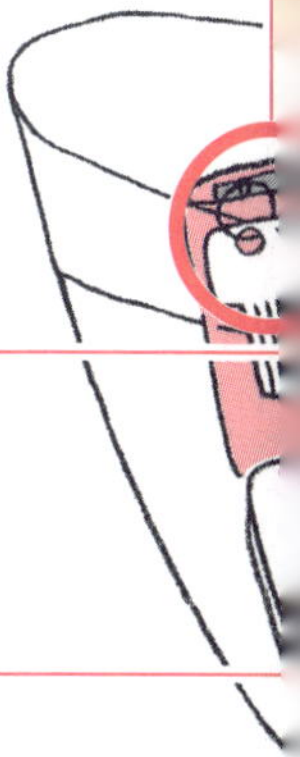

●外出中は特に気を引きしめて

セコムが20代～30代の女性２００名に行った調査（※）で痴漢やひったくり、ストーカーなど「女性が巻き込まれやすい犯罪被害に遭ったのはどのような場所ですか」という質問をしたところ、電車、路上、バスの順番で被害が多く、なかでも63％の女性が電車で被害に遭ったことがあると回答しました。

また、路上で犯罪に巻き込まれたことがある女性は24％となり、移動中に犯罪に巻き込まれるケースが多いことがわかりました。外出中はしっかりと気を引きしめ、防犯意識を高めて行動するようにしたいですね。

また、移動中にやってしまいがちなのが「ながら歩き」。危険であることは知っていても、ついスマホを操作したり、音楽を聴いたりしながら歩いてしまう……という女性も多いかもしれません。「スマートフォンでメールや通話をしたり、音楽を聴いたりしながら歩くことはありますか」という質問では、10代女性の90％、20代女性の82％が「ながら歩きをしている」と答えています。

ちょっとした油断が積み重なり、大きな犯罪や事故の原因となることも。事件が起こる前に日ごろから気を付けることで防げることはたくさんあります。

外出中の防犯対策としてすぐに取り入れられるのが、背すじをすっと伸ばし、早足で歩くこと。簡単なことですが、まわりに防犯意識が高いことをアピールできるため、不審者に狙われにくくなります。また、防犯ブザーをまわりから見える場所に付けることは、自分自身の防犯意識を高めるきっかけにもなります。

※『女性の「安全・安心」に関する調査』
（2018年12月にインターネットによるアンケート回答方式で実施）

毎日の習慣を見直すことが大切

「いつもの」行動パターンに注意

CHECKPOINT

- 規則的な生活が安全とは限らない
- 通学・通勤の車両を変える、時間を変える
- 複数のルートを使い分ける
- 行きつけのお店をつくらない

●規則的な生活が安全とは限らない

朝は公園でランニング、決まった時間に同じルートを使って通学・通勤し、平日の夜は習い事、週末は買い出しとジム……自立した女性はこんな風に規則正しいライフスタイルを持っていることも多いのでは？　でも、毎日同じ時間に同じルートを使い、さらに行動パターンが決まっていると、不審者にとっては「狙いやすいターゲット」になってしまう危険があります。

●通学・通勤の車両を変える、時間を変える

規則正しい生活は気持ちいいものですが、自分の行動パターンを変えるのも防犯ポイントのひとつ。ぜひランダムな行動を楽しんでみましょう。ときどき早起きして、学校やオフィスの近くのカフェなどいつもと違う場所で朝の時間を読書や資格取得の勉強などにあ

防犯
ネット
防災

ててみてください。自分磨きの朝活と防犯対策ができて一石二鳥。こうやって自分だけのライフスタイルをつくれるのも、気ままなひとり暮らしの楽しみのひとつ。

痴漢については、毎朝同じ時間の電車に乗っていると、狙われる確率が高まることも。降車駅の階段が近くで便利だからと毎日同じ車両に乗るのも、実は防犯的にNG。ライフスタイルを悟られ、ターゲットにされてしまうこともあります。

●複数のルートを使い分ける

毎日同じルートで通学・通勤することも、行動が読まれてしまう原因に。特に夜の帰宅は、複数のルートを探し、毎日同じ時間に同じ場所を通らないように工夫しましょう。その際はできるだけ「明るくて人通りのある道」を選んで。夜遅くまでお酒を飲んだときは、駅からタクシーを使うのもひとつの方法です。

疲れているときこそ、家に着くまでシャキっと！　周りを警戒しましょう！

●行きつけのお店をつくらない

コンビニやスーパー、コインランドリーなど定期的に行く場所は、毎週同じ曜日の同じ時間帯に利用すると、行動パターンを知られる原因になる場合も。

さらに、よく行くコンビニで毎回ひとり分のお弁当とデザートを買う……という習慣を続けると、近くでひとり暮らしをしていることが他の常連客や不審者に悟られてしまいます。決まった行動パターンからライフスタイルを悟られないよう注意しましょう。

防犯
ネット
防災

毎日の通学・通勤に安心を
電車の痴漢対策

CHECKPOINT

- 3大痴漢遭遇ポイントを避ける
- 痴漢は偶然近くにいた人を狙う
- 女性専用車両・防犯カメラ付きの車両を有効活用
- 防犯ブザーは外から見えるところに
- 毅然と対応できる自分をイメージ

●3大痴漢遭遇ポイントを避ける

痴漢に遭遇しやすい場所は「大きな駅の改札口が近い車両」「車両の連結部付近の奥まった場所」「ドア付近」の3つ（2010年警察庁発表）。

ドア付近はすぐに降りられるから便利だと思うかもしれませんが、痴漢にとってもドアが開いたらすぐに降りて逃げられる都合がいい場所です。大きな駅の改札口や階段に近い車両は混雑し、混雑の中に痴漢が紛れ込みやすくなります。車両の連結部付近も人の目が届きにくい場所。

基本的には朝の混雑時には、なるべく空いている車両や女性専用車両を選び、座席の前に立つのがいいでしょう。座る際は、立っている人から見える胸元などにも注意しましょう。

●痴漢は偶然近くにいた人を狙う

痴漢の加害者に「なぜその被害者を狙ったのか」とたずねた調査によると、「偶然近くにいたから」という回答が約半数を占めました（2010年警察庁発表）。偶発的な理由が多いということは、誰が狙われるかわからないということでもあります。痴漢に遭いにくい車両や乗車位置を意識するなど、用心を重ねましょう。

●女性専用車両・防犯カメラ付きの車両を有効活用

鉄道会社は、女性専用車両の数を増やす、防犯カメラを設置する、啓発ポスターを掲示するなど、痴漢対策を進めています。防犯カメラは抑止力が大きいとされているので、不安なときはカメラが作動中であることを示すステッカーが掲示されている車両を選んで乗ってもいいでしょう。

MEMO

混雑する車内は特に注意が必要。通勤ラッシュがピークになる午前8時台に被害が集中しています

●防犯ブザーは外から見えるところに

「何かあったら鳴らします」と、防犯意識が高いことを周囲にアピールすることも大切です。バッグにまわりから見えるようにつけるだけでも効果的。

●毅然と対応できる自分をイメージ

痴漢に遭ったとき、泣き寝入りのするのではなく、毅然と対応している自分をイメージしておけば、万一のときに行動しやすくなります。

被害者の多くが女性

スリ・ひったくり対策

CHECKPOINT

- 歩道のない道路は特に危険
- スリに遭いにくいバッグを使用する
- バッグは道路と反対側にしっかり持つ
- 貴重品は分散させて持つ
- 自転車のカゴも対策しよう

●歩道のない道路は特に危険

ひったくりは、徒歩だけでなく自転車やバイクで後ろから近づいてきて、さっとバッグをつかんで逃げ去ります。

特に、歩道と車道を分ける段差や白線がなく、歩行者と車道の距離が近い細い道が危険です。広めの歩道なら、車道の近くを歩かず、建物側を歩きましょう。

●スリに遭いにくいバッグを使用する

口の閉まらないトートバッグは、大きく開いた口から中に入っている貴重品が丸見えです。混雑した路上や電車内ではスリの格好のターゲットに。

バッグインバッグを使うか、上から1枚ハンカチなどをかぶせて中身が外から見えないようにしましょう。一番安全なのは、ファス

防犯
ネット
防災

ナーのついたショルダーバッグを斜め掛けにし、しっかり前に持つことです。

●バッグは道路と反対側にしっかり持つ

どんな道を歩いているときでも、バッグはバイクや自転車が通る車道側とは反対側にして、前にかかえるようにしっかり持ちます。

●貴重品は分散させて持つ

バッグの中には貴重品がたくさん入っています。お財布、家の鍵、免許証、定期券……。バッグを盗まれたときに犯人に自宅に侵入されてしまう危険もあります。

例えば、スマホや家の鍵は洋服のポケットに入れるなど、なるべく分散させて持つことも身を守るポイントです。

ひったくりは、午後6時以降の夜間に多く、加害者はバイク・自転車に乗っているケースがほとんど

●自転車のカゴも対策しよう

自転車の走行中にカゴに入れたバッグを狙うひったくりも発生しています。カゴに荷物を入れるときは、ひったくり防止ネットを使うようにしましょう。

バッグの持ち手やストラップをカゴの外側にたらさないことも大事です。引っ張られて転倒しケガをすることもありますから、ひったくりに狙われないように対策することは身の安全を守る方法でもあります。

防犯
ネット
防災

日常的に利用するから、知っておきたい

エレベーターでも注意

CHECKPOINT

- 扉を閉めてから、行き先階のボタンを押す
- 乗る場所はボタンのそば、壁を背にして立つ
- 不安を感じたら最寄りの階で降りる
- 緊急時には迷わず非常ボタンを押す
- 混雑時はバッグをしっかり前に抱える

●扉を閉めてから、行き先階のボタンを押す

エレベーターは短時間とはいえ密室になる場所なので、痴漢やトラブルに遭う危険があります。乗る前にまわりを見まわし、自分に続いてエレベーターに乗る不審な人がいないことを確認しましょう。

扉が閉まってから行き先階を押すことが重要。あとから不審者が乗ってきた場合、先にボタンを押してしまうと自分の居住階を知らせることになります。自宅のマンションやアパートだけでなく、雑居ビルやホテルなどでエレベーターを利用するときも、不審者と乗り合わせないように警戒しましょう。

●乗る場所はボタンのそば、壁を背にして立つ

エレベーターではボタンに近い位置で、壁を背にして立つこと。もしものときに非常ボタンや最寄りの階のボタンを押せますし、エ

レベーター内全体を見わたせるので、背後から狙われるのを防ぐことができます。

●不安を感じたら最寄りの階で降りる

自分が乗ったあとに見知らぬ人や危険を感じさせる人が乗り込んできたら、迷わずにエレベーターを降りましょう。オートロック付きのマンションでも、不審者が侵入している可能性もあります。

スマホが鳴ったふりをして、「降ります」と言えば、相手に不快感を与えずに降りることができます。同じ階で降りてしまうと自宅やホテルの場合、住んでいる（宿泊している）部屋が特定されてしまいます。

●緊急時には迷わず非常ボタンを押す

万一のときは、迷わずに非常ボタンを押しましょう。電話マーク

MEMO

その場では被害に遭わなくても、のちに空き巣や強盗などのターゲットなってしまう可能性も

の非常ボタンを押すと、外部と連絡できる仕組みになっています。頻繁に使うエレベーターは、非常ボタンを押すとどこにつながるのかを確認しておくとさらに安心ですね。

●混雑時はバッグをしっかり前に抱える

エレベーターが混雑しているときは痴漢や盗撮、スリ対策が必要です。スマホなどに集中せず、バッグは前に抱えて乗りましょう。

防犯
ネット
防災

遠回りしても、安全を確保したい

夜道の歩き方

CHECKPOINT

- 不審者が嫌うのは「人の目」「光」「音」
- 疲れているときこそ、遠回りして賑やかな道へ
- ながら歩きは厳禁
- 自宅の敷地内でも油断しない
- 不審者とたたかう準備より、防犯ブザーで予防

●不審者が嫌うのは「人の目」「光」「音」

犯罪者が嫌うのは「人の目」「光」「音」。夜はこの3要素がなくなるので多少遠回りでも、明るく、人通りの多い道を選ぶようにしましょう。見落としがちなのが、歩道橋。暗くて人目がないうえに、逃げ場がありません。普段からコンビニなど、いざというときに逃げ込める場所をチェックしておきましょう。

●疲れているときこそ、遠回りして賑やかな道へ

帰宅が遅い時間になると、疲れていてつい近道を選んでしまいがち。人気のない公園を横切ったり、暗い駐車場の横を通ったりしていませんか？　暗い近道こそ深夜は危険。帰宅が遅くなったときはタクシーをおすすめします。お酒を飲んだときは気が大きくなり不用心になっているので特に気をつけましょう。

防犯
ネット
防災

●ながら歩きは厳禁

スマホの操作、イヤホンを使用した通話や音楽に夢中になると、後ろから不審者が近づいてきても気がつきません（詳しくは104ページで紹介）。帰りが遅くなると、不安だからと通話しながら歩くという人もいますが、いざというとき、話している相手がすぐに助けに来てくれるわけではありません。それよりも背すじを伸ばしてスタスタと早足で歩くことで不審者に狙われにくくなります。

●自宅の敷地内でも油断しない

「玄関のドアを開けた瞬間に後ろから抱きつかれた」「エレベーターに乗ったら、ドアが閉まる直前に不審者が入ってきた」という被害の例もあります。自宅敷地内に入ったあとも、周囲に不審者がいないか確認することが大切です。

強制わいせつ・強制性交の発生は、深夜から明け方にかけて増加傾向にあります

●不審者とたたかう準備より、防犯ブザーで予防

夜道を歩くときの対策としても、防犯ブザーはおすすめです。バッグの外側など、周囲から見える場所につけ、防犯意識が高いことをアピール。

護身術をあてにすることや催涙スプレーなどの攻撃的な護身用品はあまりおすすめしません。相手のほうが圧倒的に力があったり、逆上していたりする場合は、逆に自分に危害がおよぶことも。

まずは、自分の身に近づく危険を事前に遠ざける防犯が大切です。

出会いの季節は要注意！

食事・お酒の場での注意点

CHECKPOINT

- トイレから戻ったあとは、飲み物に口をつけない
- パーティーやフェス、クラブなどでも要注意
- 知らない人からおごってもらうのは避ける
- 密室になるシチュエーションは選ばない

●トイレから戻ったあとは、飲み物に口をつけない

最近、飲み会中に、急に意識がもうろうとし、気がつくと服を脱がされていた……という事件が発生しています。このように急に耐え難い眠気を感じて意識が遠のく場合、「デート・レイプ・ドラッグ」を使用されているかもしれません。これは、服用した相手の意識や抵抗力を奪って性的暴行をする目的で睡眠薬などの薬を飲み物に混入する手口で、「二日酔いに効く薬だよ」とだまして飲ませるケースも。意識がもうろうとしているときは、性被害だけではなく、金品を盗まれる窃盗の被害に遭う危険もあります。

あまり親しくない人とお酒を飲んでいるときは、トイレなどで席を離れる前に飲み物は飲み切るか、席を外したあとは飲みかけのものが残っていても、新しく注文しましょう。ノンアルコールの飲み物も同じく注意が必要です。

基本的には信頼関係が築けていない人とはお酒を飲まない、他人から渡された薬は飲まないようにします。いつも以上に酔いが早い、記憶がないときは被害を疑い、周囲に助けを求めましょう。

●パーティーやフェス、クラブなどでも要注意

まわりに不特定多数の人がいる場所は、飲み物に何を混入されてしまうかわかりません。自分の飲み物と食べ物は持ち歩き、「自分の手から離れたものは飲まない、食べない」を徹底しましょう。

●知らない人からおごってもらうのは避ける

知らない人から、「おごるよ」と飲み物を差し出されたとしても、飲まないように。自由に飲み物を飲める場合も、ペットボトルなどは未開封であることを確認してから飲む習慣をつけましょう。

MEMO

被害拡大を受け、内閣府が薬物やアルコールを使用した性犯罪・性暴力への注意喚起をしています

●密室になるシチュエーションは選ばない

知り合ったばかりの人とは、密室の空間で2人きりにならないように注意することも大切。

部屋に鍵がかかる・かからない関係なく性被害に遭ってしまう可能性が高くなり、何かあっても助けを求めにくくなります。

怪しい雰囲気になったら、ためらわずにさっと帰ることが大切です。

防犯
ネット
防災

被害に遭ってからでは遅いから……

女子のためのストーカー対策

CHECKPOINT

- ストーカー行為とは？
- ストーカーは面識のある相手が90％以上！
- ライフスタイルを悟られないことが大切
- 公共料金の支払いは自動引落しで
- 個人情報流出に注意

防犯
ネット
防災

●ストーカー行為とは？

ストーカー行為とは、次のように「つきまとい等」を繰り返し行うことです。

(1)つきまとい・待ち伏せ・押し掛け等　(2)監視していると告げる行為　(3)面会、交際の要求　(4)乱暴な言動　(5)無言電話・拒否した後の連続した電話、ファックス、メール・SNSのメッセージ等　(6)汚物など不快なものの送付　(7)名誉を傷つける　(8)性的しゅう恥心の侵害　「これってストーカー？」と迷っているうちに、ストーカー行為はどんどんエスカレートすることもあります。

●ストーカーは面識のある相手が90％以上！

警察庁の調べによると、ストーカー被害者の9割近くが女性。そして被害者と加害者の関係の約半分が、「交際相手や元交際相手」です。被害者と加害者の面識がない場合は、わずか6%。恋人に別れを告げる際、「はっきりと理由を告げない」「音信不通になる」などあいまいに伝えてしまうことで相手が都合の良い解釈をして復縁をせまり、ストーカーに発展する可能性があります。被害者にならないための対策はもちろん、自分が加害者にならないためにも「ストーカー」とは何かを知っておきましょう。

●ライフスタイルを悟られないことが大切

ストーカーには「生活パターンを把握させない」ことが大切。周りの警戒はもちろんですが、SNSでも個人情報を徹底管理しましょう（詳しくは158ページで紹介）。

●公共料金の支払いは自動引落しで

水道・電気など公共料金の払込票には個人情報が満載。コンビニ

恋愛関係のもつれ話からストーカーへ発展することもあるので、早めに信頼できる第三者へ相談！

払いは手軽ですが、並んでいる間にあなたの住所などを盗み見られているかも。銀行振込やクレジットカードの自動引落しのほうが安心です。

●個人情報流出に注意

定期券を盗み見されて、最寄り駅で待ち伏せされる危険もあります。定期券は駅名や氏名が見えないようにケースに入れしっかりバッグにしまいましょう。また、同じく個人情報を見られないようにスマホには画面のぞき見防止用のフィルムを使うと良いですね。

防犯
ネット
防災

日本にいるときとは意識を変えて

海外旅行中の防犯

CHECKPOINT

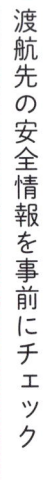

- 渡航先の安全情報を事前にチェック
- スリ・置き引き対策を万全に
- 夜は極力出歩かない
- 緊急連絡先のメモを携帯
- 海外でもスマホを使用できるように

●渡航先の安全情報を事前にチェック

外務省が運営する「海外安全ホームページ」で、渡航先の治安や災害状況、感染症の流行を確認できます。ガイドブックや政府観光局などのサイトで、訪れる地域の慣習を知っておくとトラブル回避の助けにもなります。

●スリ・置き引き対策を万全に

基本はファスナー付きのショルダーバッグを斜め掛けにして、バッグは体の前で持つこと。パスポートやお財布は、日本にいるとき以上に厳重管理してください。

現地で高級ブランド品を買っても、ロゴ入り紙袋のまま持ち歩かず、エコバッグなどに入れ直しましょう。

防犯
ネット
防災

●夜は極力出歩かない

昼間は普通の繁華街でも、夜は危険な場所もあります。現地の女性たちも夜はひとりで出歩かないという国も。渡航先にもよりますが、夜は出歩かないほうが安心です。

また、夜に限らず、日本での日頃の防犯と同じように、背すじを伸ばし足早に歩くこと。ながら歩きはしないことが大切です。地図やガイドブックを調べるときは一度立ち止まりましょう。

●緊急連絡先のメモを携帯

日本大使館や領事館などの連絡先をメモして携帯しましょう。現地の言葉が話せない場合は、旅行代理店や知人の連絡先も。添乗員がいるツアーでも、特に警察や救急は、万一のときのためにも自分自身で連絡できるようにしておきましょう。

海外に行くときは、日本とは文化や慣習だけでなく
犯罪情勢が違うことを意識しながら楽しみましょう

●海外でも スマホを使用できるように

トラブルが起きたときの心強い味方になってくれるスマホ。自分が使っているスマホが渡航先で使えるかどうか事前に確認しておきます。海外用モバイルWi-Fiをレンタルしておくと、現地の無料Wi-Fiの安全性が確認できなかった場合でも安心です。スマホは、万一のときを考え、お財布などの貴重品とは別に持ち歩きましょう。

海外旅行中に遭う犯罪でダントツに多いのが盗難！
貴重品はカバンに入れてしっかり前に持つ！

防犯
ネット
防災

楽しく盛り上がるときも意識を
イベント時の防犯

CHECKPOINT

- 荷物は最小限！　貴重品は肌身離さず
- ＳＮＳへの投稿はいつも以上に注意
- 位置情報の公開は慎重に
- ながら歩きはＮＧ、警戒心はいつも以上に
- 誘導員の指示に従う

●荷物は最小限！　貴重品は肌身離さず

お花見や夏の音楽フェス、ハロウィン、クリスマスなどの楽しいイベントは、開放的な気持ちになり、普段に比べて異常を察知する感覚が鈍ってしまうかもしれません。

まず、人が多く集まる場所で気をつけたいのはスリ。イベントに出かけるときは両手があき、肌身離さず持っていられるバッグに貴重品を入れ体の前に持ちましょう。バッグを後ろに持つと、人混みの中ではスリに遭ったり、落とし物をしたりしても気づきません。口が大きく開いたトートバッグはお財布などの貴重品が丸見えなので危険。ファスナーのついたバッグが安心です。

●SNSへの投稿はいつも以上に注意

楽しいイベント中は、非日常的な様子をSNSで公開したくなり

防犯
ネット
防災

ますよね。でも公開する範囲や投稿内容、写真を冷静に見直し、確認してから投稿しましょう。

リアルタイムでの投稿は、自宅が留守になっていることを知らせてしまうのでＮＧです。

●位置情報の公開は慎重に

位置情報をＳＮＳで公開すると、行動がすべて筒抜けになってしまいます。位置情報はとても便利な機能ですが、公開するのであればリアルタイムでの投稿は避けたほうが良いでしょう。

●ながら歩きはＮＧ、警戒心はいつも以上に

人混みでは痴漢被害も発生します。暗い場所や身動きできないほどの混雑した場所には行かないように気をつけましょう。

また、スマホの操作をしながら歩くのは人にぶつかる危険もあり

帰宅するまでが楽しいイベント！　台無しにならないように友達と声をかけあって対策を

ます。写真を撮るために突然立ち止まることで、思わぬケガや事故につながることもあります。

●誘導員の指示に従う

混雑した場所では、警察官や警備員の指示に従いましょう。

もしものときにはすぐ助けを求めることができるので、歩きながらも警察官のいる場所を意識することが大切です。

COLUMN

検証!ながらスマホはどのくらい危険?

後ろから近づく人にいつ気づく?

「歩きながらのスマホ操作や、イヤホンで音楽を聴くことで注意力が散漫になる」……。その危険性は様々な場面で取り上げられていますが、実際にどれくらい周囲の変化に気づきにくくなるのでしょうか?

本委員会のメンバーが被験者となり、「音楽を聴く」「文章を読む」など「ながらスマホ」をしている場合、後ろから近づく人の気配にどのくらいの距離で気づくのかを測定しました。

・スマホ操作なし……平均1.9m
・スマホで文章を読む…平均1m
・スマホで文章を入力…平均1m
・スマホで音楽を聴く…平均0.1m

スマホの操作なしの場合と比較して、スマホを操作したり音楽を聴いたりすると、後ろから近づく人の気配に気づきにくくなることがわかります。「音楽を聞いていると、後ろからの接近にまったく気づかなかった!」と言う人もいるほどでした。これが実験でなく、実際に後ろから不審者につけられていたら……と想像すると、とても怖いですね。スマホの操作や音楽を聞きながら歩くことは危険だと改めて実感しました。

※実験はすべてセコムの施設敷地内(45dB前後の比較的静かな屋外)で実施。数値は5人の平均。

第3章

いざというとき、どう動く？

防犯シミュレーション

訪問予定がないのにチャイムが鳴ったら……

突然の訪問者、どうする？

CASE 1

休日、部屋でくつろいでいたA子さん。
急にチャイムが鳴ったので
インターホンで確認してみると、
宅配業者のような姿をした男性が。
今日は荷物が届く予定はないし、
部屋着のまま……。
こんなとき、どうしよう？

●「今日は宅配便が届く予定はないのに……」

予定のない訪問があったときは、まずはインターホンやドアスコープで確認しましょう。ドアを開けるとき、チェーンをかけたまま対応することがとても大事。さまざまな事業者を装って訪ね、住人がドアを開けた瞬間に押し入る手口もあります。

一度ドアを開けてしまい、力ずくで押さえられてしまうと、ドアを閉めることはむずかしくなります。オートロック付きのマンションでも、自分の部屋のドアの前で再度確認することが大切です。

●「慌ててドアを開けたら部屋の中が丸見えに！」

ドアを開ける前に、自室の様子をチェックしましょう。インテリアなどから女性のひとり暮らしだと推察されないように気をつけます。玄関から寝室まで見通せるワンルームタイプの部屋の場合は、

防犯
ネット
防災

特に入念に確認を。

●「インターホンを確認すると、宅配業者のような姿が……」

宅配業者や新聞の集金、電気やガスの点検など、予定していた訪問者の場合も、相手をきちんと確認し、不安であればチェーンをかけたまま対応します。

宅配便の受け取りでも、伝票の確認はチェーンをかけたまま対応できます。「すみません、今、手が離せないのでそこに置いてください」と言って、ドアを開けられないことを告げて、来訪者の気分を害さずに荷物をドアの前に置いてもらいましょう。

また、宅配ロッカーがあれば、活用するのも便利です。

●「急な設備点検と言われたけれど……」

インターホンで確認し、不要であればきっぱり断ります。「急な設備点検」でも、集合住宅なら事前連絡が来ているはず。不動産会社などに連絡して確認しましょう。連絡が取れなければ「これから外出するので、後日にお願いします」と伝えます。予定されていた点検でも、身分証などを確認してから対応しましょう。ひとりで対応するのが不安なら、家族や友人、大家さんや不動産会社などに立ち会ってもらうと安心です。

CASE 2

怖いけど、勇気を持って 痴漢に遭ったとき、どうする？

毎朝、電車通勤をするB子さん。
いつも通り、最寄駅から電車に乗りました。
満員電車に揺られながらしばらくスマホを
見ていると、おしりのあたりに違和感が…。
何かが触れて、もぞもぞ動いているけど、
もしかして痴漢!? こんなとき、どうしよう？

●「おしりに当たっているのは人の手？　誰かのバッグ？」

たまたま手が当たっているだけなのか、痴漢なのか、判断がつきかねることがあります。満員電車だと仕方なく当たっている可能性も。まずは体勢を変えたり、バッグや傘でガードしたりします。たまたま当たっているなら、相手が気づいて体勢や手の位置を直すはずです。それでもまだ続くようなら痴漢と判断しましょう。

●「バッグでガードしたけれど……」

バッグや傘でガードしてもやめない場合は、躊躇せずに「やめてください」と言って、手をつかみ、周囲に「痴漢です」と知らせましょう。

怖くて声が出せないなら防犯ブザーを鳴らします。大きな音が出

防犯

ネット

防災

て注目が集まることで行為をやめさせることができます。防犯ブザーはバッグの外側につけておけばすぐ鳴らせますし、防犯意識が高いことをアピールすることもできます。継続的に被害にあっている場合は、警察に相談し、対応してもらいましょう。

●「車内で痴漢を確保したけれど、どうすればいいの？」

まわりの乗客に協力してもらって痴漢を確保したら、最寄り駅で降りて警察や駅係員を呼び、痴漢被害に遭ったことを届け出ます。周囲に被害状況を見ていた人がいたら、証言してもらうのも良いでしょう。

東京の場合、主要な駅にある鉄道警察隊の分駐所で痴漢被害の相談を受け付けています。

各都道府県の警察にも、「犯罪被害者ホットライン」や「女性被害

110番」などの相談窓口があり、電話での相談もできます。法的支援を行う「法テラス」に電話で相談すれば、犯罪被害者支援の経験があり、理解のある弁護士の紹介など、対処の仕方を丁寧に教えてくれます。

●「次の被害者を出さないためにできることは……」

被害内容を詳細に聞かれるのは抵抗があるかもしれません。しかし今後、第2の被害を防止するためにも、通報は大切。ぜひ毅然と対応してください。

被害者の多くが女性！

ひったくりに遭ったら、どうする？

CASE
3

休日、ショッピングに出かけようと
駅に向かうC子さん。
「今日は何を買おうかな……」と
ウキウキしながら歩いていると、
後ろから急にバイクが近づいてきて、
C子さんのバッグをひったくろうと
手を伸ばしてきました。こんなとき、どうしよう？

●「バッグをいきなりひったくられた！」

ひったくり被害者の多くは女性。もし遭ってしまった場合は素早く手を離しましょう。ひったくりはバイクや車で犯行に及ぶ場合も多いので、抵抗すると引きずられて大ケガをしてしまう可能性もあります。

●「犯人はあっという間に逃げていってしまった……」

万一ひったくりに遭った後は突然のことでパニックになってしまいますが、犯人の服の色や髪形、車・バイクのナンバーや車種・色などを、できるだけインプットしましょう。被害に遭った場所の詳細も覚えておくといいでしょう。

その後、すぐ警察に通報するか、近くの交番に駆け込み、被害の内容を早く伝えることが大切です。

防犯
ネット
防災

●「犯人の特徴がなかなか思い出せない……」

周囲に人がいたらぜひ助けを求めてください。パニックになってしまい、犯人の特徴を覚えていない場合でも、周囲の人が目撃しているかもしれません。

●「盗られたバッグにお財布も鍵も入っていた！」

ひったくり被害で怖いのは、バッグに入っていた貴重品から被害が拡大する可能性があることです。自宅の鍵と免許証など住所がわかるものが一緒に入っている場合は、自宅が狙われてしまうかもしれません。自宅の鍵をすぐに交換しましょう。

●「クレジットカードやスマホが悪用されてしまうかも？」

お財布にクレジットカードが入っていれば、悪用される可能性があります。すぐにカード会社に連絡し、利用停止の手続きを。万一のときのために、金融機関やカード会社などの連絡先一覧表を作成しておくといいですね。スマホも一緒に盗まれてしまった場合は、紛失の際にスマホの位置を追跡するサービスもあるので、活用しましょう。スマホが一緒に盗られないよう、ほかの貴重品と分けて持っていると良いですね。

駅から自宅までの夜道

不審者がついてきたら、どうする？

CASE 4

友人と楽しく女子会をして、ほろ酔い気分で帰宅中のD子さん。最寄り駅から自宅までの道のりを歩いていると、不審な男性がD子さんの後ろにぴったりついて歩いている気が……。このまま家までついて来られないか不安。こんなとき、どうしよう？

●「夜遅い時間の帰宅になってしまった！」

ひとり歩きは狙われやすいので、人通りがあって明るい道を選びましょう。歩道橋や高架下、地下道は逃げにくいので、夜間は違うルートを選ぶと良いですね。このような場所は、夜だけでなく昼も危険度が高い場所です。

●「ほろ酔い状態で家まで歩いて帰るときは……」

ほろ酔い状態のときこそ要注意。毅然とした態度で早歩きをして、防犯意識が高いということをアピールします。相手が「警戒している」と感じると、不審者はターゲットを変えるといいます。人気のない夜道では特に早めに危険を察知することが何よりも重要なので、周囲の様子に注意を払いましょう。音楽を聴いたり、スマホを操作しながらの「ながら歩き」は周囲への警戒心が薄くなってしまいます。

防犯
ネット
防災

●「誰かがついてきているみたい……」

不審者は特徴を覚えられるのを嫌がるので、不審に思ったらときどき振り返ってさりげなく顔や服装を確認。スキのない女性を演じ、警戒心の高さをアピールすることができ、犯罪の抑止につながります。

後ろから人が歩いてきて不安なとき、振り返るのは怖いものですが、思い切ってクルッと振り返って真正面から相手の特徴を確認し、足早に逆方向に歩きだすのもひとつの方法です。駅前まで戻ってタクシーに乗るなどして、別のルートで帰りましょう。

●「同じ人がずっと後ろをついてきていて怖い！」

「つけられているかも?」「なんだか怖い……」と思ったら、コンビニやファミリーレストランなど、人がいる場所に入り、しばらくその場にとどまって不審者がいなくなるのを待ちましょう。不安なときは、タクシーを呼んで帰るのがおすすめです。最寄り駅から自宅までの道で、逃げ込める場所（夜まで営業しているお店など）を把握しておくことも大切です。

●「やっと自宅について、ひと安心⁉」

自宅に着いたとしても油断は禁物です。自宅の鍵を開けて入ろうとした瞬間に不審者が押し入った事件もあります。まず周囲に異常がないか、不審者はいないかを確認してから鍵を取りだし、ドアを開けましょう。マンションの場合、エレベーターの乗り方にも注意してください。

時々後ろを振り返り、
警戒心をアピールする
!
見えるところに防犯ブザーを!

たとえ知人でも油断しない

ストーカーに遭ったら、どうする？

CASE
5

高校時代の同窓会に行ったE子さん。
久しぶりに会った同級生たちと
楽しく過ごした翌日、自宅の最寄り駅で、
同窓会で話した元恋人の男性と再会。
声をかけられ、食事に誘われた。
彼はこの辺りに住んでいないはずなのになぜ……？
こんなとき、どうしよう？

●「何度も連絡をしてくるあの人はストーカー？」

ストーカーは無視されるとエスカレートする可能性があるので、不安に思ったり、身の危険を感じたら、すぐに警察に相談しましょう。信頼できる家族や友人に相談する場合も、自分たちだけで解決しようとせず、専門家のアドバイスをもらいましょう。

●「何度も連絡してきて、気持ち悪いな……」

証拠があると警察で説明しやすく、対策も立てやすくなります。メールや電話、手紙などをストーカーから受け取ると気持ち悪くて、削除したり捨てたりしたくなりますが、証拠は消さないようにしましょう。匿名電話の嫌がらせで、相手がわからない場合でも、嫌がらせの日時や内容を記録します。ＳＮＳでも、脅迫めいた言葉や乱暴な言葉が連続して書き込まれるようであれば、ストーカー規制法

防犯
ネット
防災

の取り締まり対象となることもあるので、スクリーンショットを撮っておきましょう。「これはどうかな？」と迷うようであれば、念のため記録を残しておくと良いですね。

●「知り合いだし、ストーカーではないのかな？」

加害者と被害者の関係は、面識がある場合が全体の9割を超え、中でも交際相手（元を含む）は全体の6割を超えています（2015年警察庁調べ）。

知人でも親族でも、長引けば長引くほど執着される危険が伴うので、ためらわずに相談して身を守ってください。

●「だんだんエスカレートしてきたみたい……」

警察から加害者に対して「これ以上ストーカー行為をしないように」と警告をすることができます。それでもストーカー行為が続くときは禁止命令を出し、ストーカー規制法違反で加害者を逮捕できます。
脅迫や暴行があれば刑事事件として逮捕することもあります。

●「ストーカーが自宅までできた！」

警察では被害者の身の安全を第一に考えて、各種支援を行っています。身の危険を感じて「すぐに逃げたい」「身を隠したい」という場合には、自治体や支援組織の避難施設を紹介してもらいましょう。

電話内容をメモ
○月○日
○月○日
SNSはスクリーンショットをとる
手紙は捨てずにとっておく

第4章

身近だからこそ知っておきたい

ネット
セキュリティの
アイデア

Q 防犯まちがい探し〈SNS編〉

SNSは便利で楽しいけれど、実生活に危険を及ぼすリスクも。
SNSの投稿について〝まちがっているもの〟を5つ探してみましょう。

答えは次のページ

防犯まちがい探し〈SNS編〉解答 A

1 後ろに無関係の人が写り込んでいる

第三者が写り込んだ写真を、そのまま投稿するのはNG。たとえ知人でも投稿前に許可をもらいましょう。

P162へ

2 公開範囲を限定していない

全世界に個人情報を公開しているのはとても危険。設定をチェックし、公開範囲は必ず限定しましょう。

P158へ

3 リアルタイムで投稿している

外出先でのリアルタイムな投稿は、現在家にいないことを知らせてしまいます。特に旅先からの投稿は要注意。

P158へ

4 位置情報を掲載している

詳細な位置情報を入れた投稿を続けると、生活パターンや行動範囲が悟られやすくなります。

P162へ

5 友人に写真掲載の許可を取っていない

親しい友人でも、写真を投稿していいかどうか本人に確認するのがマナー。

P162へ

●ネット・SNSを楽しむために

SNSを利用したコミュニケーションは、もうすっかり身近なものになりました。それと同時に、インターネットやSNSを通じて女性が危険にさらされる可能性も高くなりました。

さらに日々新しい手口の犯罪が起こり、殺人にまでつながる事件も発生しています。

セコムが20代～30代の女性200名に行った調査（※）では、ネット上のトラブルの中で特に被害が多いのは「SNSのアカウント乗っ取り」と「ネット・SNSでのいじめや誹謗中傷」という結果になりました。次に多いのが「SNS投稿での勝手な写真公開、タグ付け（著作権・肖像権の侵害、個人情報流出）です。

多くの人が気軽にSNSを利用している現代だからこそ、被害が身近なものになってきています。

また、SNSに関するトラブルに次いで多かったのが詐欺メールやフィッシング詐欺の被害に遭ったという回答でした。このように実際にネットやSNSのトラブルに遭っている人は多いですが、「被害に遭わないためにどのような対策をしていますか」という質問に対しては、OSのアップデートをしている人が18%、セキュリティソフトやアプリを導入している人が12%と、実際に被害に遭っていても具体的な対策をしている人は少ないようです。

さまざまな相手とつながり、共有できるツールとして便利なSNSですが、近年はトラブルが急増しています。また、被害に遭うだけではなく、思いがけず自分が加害者になってしまうことも。最新情報を知り、正しく使いこなすための意識を持ちたいですね。

※『女性の「安全・安心」に関する調査』
（2018年12月にインターネットによるアンケート回答方式で実施）

あなたは大丈夫？

自分の身を守るネットリテラシー

CHECKPOINT

- 個人情報を流出させない
- 著作権や肖像権の侵害に注意
- 友人の個人情報も流出させないように注意
- 楽しさの裏にあるリスクを認識する

●個人情報を流出させない

今や日々の生活に欠かせないものとなったインターネット。便利で楽しいものですが、使い方次第では危険にさらされる恐れがあります。自分の個人情報を必要以上に公開しないほうが良いでしょう。たとえば、ＳＮＳの設定が登録時のまま、投稿をすべての人に公開するようになっていませんか？

自分の情報がどこまで公開されているのか、確認しましょう。必要に応じて公開範囲に制限をかけるなどして、ひとつひとつ設定をきちんとチェックします。

不特定多数の人に自分の情報が見られてしまうことは危険ですし、ケースによっては、一緒にいる友人の情報まで公開してしまい、迷惑をかけることになります。

●著作権や肖像権の侵害に注意

アップロードだけでなく、ダウンロードや視聴しただけでも著作権や肖像権の侵害にあたることもあります。動画や音楽だけでなく、ほかの人が作成したイラストや写真を投稿することも違法アップロードになることもあるので、毎回確認するなど注意が必要です。

●友人の個人情報も流出させないように注意

セキュリティをしっかりしていないことでウイルスに感染し、自分のパソコンに登録していた友人の情報まで流出してしまうこともあります。また全員に公開しているＳＮＳで、友人の実名を呼ぶなど、他者の情報を書き込むのもＮＧです。

MEMO

ネットの世界には悪意を持った人がいるかもしれないということも覚えておきましょう

●楽しさの裏にあるリスクを認識する

ＳＮＳもネットショッピングもネットゲームも、どれも楽しいものばかりですが、気がつかないうちに依存症のような状態に陥ってしまうこともあります。

また、ＳＮＳの気軽なつぶやきが、予想外に拡散されて誰かを傷つけ、名誉毀損や侮辱罪などの罪に問われる可能性も。うわさは安易に発信しないことを心がけ、投稿する言葉選びも慎重に。「楽しさの裏にリスクがある」ということをしっかり認識しておくことが重要です。

いつも使うものだから気をつけたい

パソコン・スマホのセキュリティ

CHECKPOINT

- セキュリティソフト導入と日々のアップデートは必須
- フリーWi-Fiは安全性が確認できるものだけ
- 自宅のWi-Fiもしっかり管理

●セキュリティソフト導入と日々のアップデートは必須

パソコン・スマホ・タブレットなど、ネットにつなぐものはすべてセキュリティソフトを導入しましょう。被害に遭ってからでは取り返しがつきません。

セキュリティソフトのアップデート（バージョンアップ）も欠かさずに。つい「時間があるときにやろう……」と、更新を後回しにしてしまいがちですが、ネット犯罪の被害に遭うリスクが高まります。

そのほかのソフトウェアも、アップデートの更新通知が来たら、すぐに最新の状態にしましょう。

また、ネットを利用した犯罪は、日々新しいウイルスや手口が生み出されています。最新の情報を把握するように意識しましょう。

防犯
ネット
防災

●フリーWi-Fiは安全性が確認できるものだけ

データ通信の容量を節約するために無料Wi-Fiサービスを使いたくなりますが、中には個人情報を盗み取ることや、ウイルスに感染させることなどを目的として、悪意を持ってアクセスポイントを立ち上げている場合もあります。安全性が確認できるWi-Fiやパスワードを入力してつながるWi-Fiだけを使用し、それ以外は使わないよう意識を持ちましょう。

また、公衆Wi-Fiではネットショッピングやネットバンキングなど個人情報を入力するサイトは使わないのが原則です。

●自宅のWi-Fiもしっかり管理

自宅でWi-Fiを利用している場合も、油断は禁物。電波は自宅周辺にも届いてしまうので、通信内容を盗み取られてしまう危険性

MEMO

Wi-Fiは常に自動で接続する設定ではなく、名前を確かめて手動でつなぐように設定しましょう

や、悪意ある者に〝タダ乗り〟され、知らない間に犯罪行為の踏み台にされてしまう危険性があります。それらを防ぐために、無線ルーターのパスワードとWi-Fi接続のためのパスワードは初期設定のままにせず複雑なものに変更しましょう。

また、Wi-Fiの通信内容を盗み見られないように、通信内容をセキュリティレベルの高い暗号化方式にすることも大切。ルーターの設定で「WPA2-AES」「WPA-PSK」など最新のものが選択できるようであれば、それらに設定してください。

推測されない！　覚えやすい！

安全なパスワードのつくり方

CHECKPOINT

- パスワードは8文字以上にする
- 大文字や小文字、数字や記号をまぜる
- 文章をパスワードにするのもおすすめ
- パスワードはサイトごとに変える

●パスワードは8文字以上にする

推測されにくいパスワードをつくることはとても大切です。アルファベットの大文字・小文字、数字、記号を組み合わせて作成しましょう。そして「複数の単語を組み合わせる」「できるだけ長くする」――これが効果的です。できれば8文字以上にしましょう。

では、覚えやすく、推測されにくいパスワードのつくり方をご紹介しましょう。例えば、8月をイメージする単語からパスワードをつくりましょう。「夕立ち」と「ひまわり」をアルファベット表記にします。

例：yuudachihimawari

●大文字や小文字、数字や記号をまぜる

さらにアルファベットを大文字にしたり、自分が覚えやすい、似

防犯
ネット
防災

ている文字や記号に見立てるのもひとつの方法です。

例(1)：yuudachihimawari→Yvd@ch!H!m@w@r1

ここで、自分が覚えやすい位置に、記号を付け足すことで、さらに、推測されにくいパスワードをつくることができます。

例(2)：Yvd@ch!H!m@w@r1→$$Yvd@ch!H!m@w@r1??

●文章をパスワードにするのもおすすめ

さらに推測されにくいパスワードをつくるために、単語ではなく文章をパスワードにする方法もあります。

例：海に行く日は晴れてほしい→uminiikuhiwaharetehoshii

先に紹介した(2)を使うと……

例：??Um!n!19h!w@H@0teh0C%%

これは、極端な例ですが、自分の好きな文章なら覚えやすいですし、推測もされにくくなります。

MEMO

パスワードは「定期的に変更する」よりも「破られにくいもの」にすることが大切です

●パスワードはサイトごとに変える

総務省のサイトでも紹介されていますが、パスワードを定期的に変更するよりも、登録しているサイトごとに異なるパスワードを使うことが理想です。

固定のパスワードの前後にサイトごとに、文字をプラスすると覚えやすいでしょう。例えば、「A」から始まるサイトなら「A」を前後にプラスします。このひと手間で、安心してインターネットが楽しめますね。

パスワードを作る時は…
夕立ちひまわり
Yvvd@ch!H!m@w@r1
大文字・小文字
数字をまぜると
推測されにくい

手口はますます巧妙化・複雑化…

女性の身近に潜むネット犯罪

CHECKPOINT

- スパイウェアで情報が盗まれる！
- フィッシング詐欺の注意点
- スパムメールは開かずに削除
- スマホ痴漢とは？

●スパイウェアで情報が盗まれる！

スパイウェアは気づかないうちにパソコンにインストールされ、パソコン内の情報を第三者に自動的に送信するソフトウェア。メールアドレスや住所、クレジット番号、パスワードやインターネットの利用履歴などが盗まれてしまう危険性があります。

対策としては、信頼できないソフトウェアをインストールしないこと。また、スパイウェア除去ソフトを使用する必要があります。

●フィッシング詐欺の注意点

金融機関やショッピングサイトを装い、電子メールで偽サイトに誘導し、住所や氏名、口座番号、クレジットカード番号などの個人情報を盗み取るのがフィッシング詐欺。盗まれた情報をもとに本人になりすまし、ネットショッピングで使用するなど悪用されてしま

防犯
ネット
防災

います。同じ手法でネットバンキングのＩＤやパスワードを読み取り、不正送金などに悪用するケースも。過去に利用したサイトからメールが来たら、本物のサイトから配信されたものかどうか確認するとともに、メールに記載されたＵＲＬからはアクセスしないようにしましょう。

●スパムメールは開かずに削除

スパムメールとは受信者の希望を無視して大量に送られるメールです。中にはフィッシング詐欺のメールや、ウイルスが仕込まれている場合もあります。不審なメールや送信元がわからないメールは開かずに削除しましょう。メールに反応したり、ＵＲＬをクリックしたりするのは、そのアドレスが実在のものだと相手に伝えてしまうことになるので避けましょう。メールアドレスは連絡用、ショッピング用、その他に使う用と分けて登録すると良いですね。

MEMO

金融機関が電子メールで口座番号や暗証番号を尋ねることはないので、注意しましょう

●スマホ痴漢とは？

「スマホ痴漢」は、近くにいる人とデータを共有できるスマートフォンの機能を悪用して、わいせつな画像などを一方的に送りつける行為です。犯人の特定が難しく、街中や電車の中で被害が多発しています。

普段はデータを共有しないよう設定をオフにしておきましょう。端末機器に登録する名前は女性とわかる名前や本名にしないような工夫も大切です。

利用した覚えがないのに

架空請求のメールが届いたら……

CHECKPOINT

- 恐怖心をあおる架空請求の手口
- メールが届いても URLや添付ファイルを開かない
- 個人情報の登録は最小限に
- ネット犯罪に巻き込まれたらひとりで悩まない

●恐怖心をあおる架空請求の手口

架空請求は、契約した覚えのない店や利用した覚えのないサイトから利用料金の請求がメールや手紙で届き、お金を振り込ませようとする詐欺。警察庁の調べによると、架空請求詐欺（恐喝）は年間数十億円の被害が発生していて、請求の名目としては「有料サイト利用料金」が多くを占めています。

メール、SMS、はがきなどで無作為に送っている可能性があり、利用した覚えはないのに「最終告知との案内を送る」「電話しないと訴訟をする」「差し押さえをする」「自宅へ出向く」「勤務先を調査する」など不安をあおる文面が書かれています。

恐怖心をあおり、さまざまな手口で急がせ、お金を振り込ませようとしますが、冷静に判断しましょう。

防犯
ネット
防災

●メールが届いてもURLや添付ファイルを開かない

怪しいメールや手紙が届いても、落ち着いて対応しましょう。

請求内容を確認して証拠を保存しておき、ひとりで悩まず、家族や知人など周囲に相談してみましょう。

●個人情報の登録は最小限に

架空請求対策としては、まずは個人情報の流出を防ぐためむやみに名前、住所、メールアドレスなどを登録しないことが大切です。登録の際は規約・内容をよく確認しましょう。

「無料」とあっても、最初にクレジットカード情報を登録し、期間を過ぎると料金が引き落とされる場合も。ポイントカードの登録が必要なときも、必ずしもすべての個人情報を記入する必要はありません。記入する情報は最低限に。

複数のメールアドレスを使い分け、クレジット決済に使うものはむやみに登録しないのも防犯です

お得な情報、ポイントがつくなど、甘い言葉に惑わされず、個人情報を守る冷静な判断をしたいですね。

●ネット犯罪に巻き込まれたらひとりで悩まない

「身に覚えのない請求だったがお金を振り込んでしまった!」「なりすましECサイトと気づかずにカード決済をしてしまった」――そんなときは、ひとりで悩んではいけません。

冷静な判断をするためにも、速やかに警察や弁護士など、プロに相談するようにしましょう。

怪しいメールのURLは
クリックしない!
!
000:000
00:0000
違約金お支払
あなた様の登録
お支払いが滞って
以下のURL

快適に買い物を楽しむために

ネットショッピングの注意点

CHECKPOINT

- パスワードをブラウザに記憶させない
- 履歴やCookieはこまめに消去する
- なりすましECサイトに注意
- 明細は必ず毎月確認する

●パスワードをブラウザに記憶させない

少し手間がかかりますが、パスワードが必要なサイトは毎回ログアウトや、ログインをします。常にログイン状態でいるのは危険です。たとえば空き巣に入られてパソコンを盗まれたり、スマホやタブレットを落としたりしたときに簡単に悪用されてしまいます。普段からログアウトする習慣を身に付けておきましょう。

●履歴やCookieはこまめに消去する

Webサイトが訪問者を識別する仕組みの代表的なものがCookie（クッキー）です。共有パソコンでは消去が必須ですし、自分のパソコンでも閲覧履歴追跡防止のために、こまめに消去するのがおすすめです（詳しくは170ページのコラムで紹介）。

防犯
ネット
防災

●なりすましECサイトに注意

なりすましECサイトとは、実在するサイトを模倣したサイトで、お金をだまし取ったり、クレジットカード情報などを盗み取ったりするものです。いわゆる〝偽サイト〟であることに気づかず注文してしまい、代金を事前に銀行振込で支払ったにもかかわらず商品が届かない、または別の商品が届くなどのトラブルになります。初めて使う通販サイトは運営する会社が実在するかを判断するために、会社所在地や電話番号をチェックしてみましょう。また、サイトの文章やURLに不審な点がないかもチェックします。

ネットショッピングなど個人情報を入力する際はセキュリティが確保されているサイトか、入力したデータが暗号化されて送信されるかをチェックしましょう。

まずはそのサイトのURLを確認。URLのはじまりが

MEMO

請求が本物であるかどうか不明な場合は、証拠を保存し消費生活センターなどに相談しましょう

「https://」になっていて、南京錠のマークが表示されているサイトであれば、送信する情報が暗号化されています。このほかに、間違いなくその企業のものであると証明する「EV証明書」が発行されているサイトはURLが緑色に表示されます。

●明細は必ず毎月確認する

購入履歴やクレジットカードの明細は必ず確認します。明細書などで不審な項目を見つけたら、カード会社に連絡し、すぐに調べてもらいます。被害が大きくならないうちに素早く行動しましょう。

個人情報入力の際は信頼できるサイトかチェック!

知らないうちに巻き込まれる!?

SNSにまつわるトラブル

CHECKPOINT

- SNSのプライバシー設定をチェック
- 友人に向けたつもりが全世界に発信
- リアルタイムで投稿しない
- アカウント乗っ取りに注意
- ネット上の人間関係にもリスクがある

●SNSのプライバシー設定をチェック

友人同士で話しているつもりでも、SNSで発信した情報はネット上でひとり歩きしてしまう可能性があります。楽しくSNSライフを送るためにはプライバシー設定をチェックし、必要以上に個人情報を公開したり、友人のアカウントが自動で追加される設定になっていないか確認しましょう。

●友人に向けたつもりが全世界に発信

たとえ公開範囲を限定していても、友人やフォロワーのひとりがスクリーンショットを撮って転載した場合などは、全世界に発信される可能性もあります。自覚ある内容で投稿することが大切です。

軽い気持ちから投稿した悪ふざけの記事が社会問題になったり、SNSを介した出会いから犯罪に巻き込まれてしまったりと、

ＳＮＳの利用から、思いがけずトラブルや犯罪に巻き込まれてしまった事例も複数あります。一度ネット上に公開したら、完全に削除することはほぼできないと思っておきましょう。

●リアルタイムで投稿しない

行動が筒抜けということは、ストーカーや空き巣に悪用される可能性もあるということ。ひとり暮らしの場合、外出先で「今○○にいる！」と書き込むと、家が留守になっていることを知らせてしまいます。旅行に行った際も帰宅してからまとめて投稿したいですね。

●アカウント乗っ取りに注意

ＳＮＳの「アカウント乗っ取り」は第三者が本人になりすましてＳＮＳにアクセスする犯罪です。

対策としては、(1)他端末からのログインを許可しない設定にする

MEMO

自分はもちろん、友達の個人情報も大切です。必要以上の個人情報を出していないか意識を持つことが大切です

(2)アプリ連携を安易に許可しない　(3)メールアドレスを一般公開しない設定にする　(4)フリーWi-Fiの利用は安全性を確認してからにする　などがあります。

●ネット上の人間関係にもリスクがある

直接会ったことのない人でも気軽に交流できるのはSNSの楽しみのひとつですが、同世代の友人だと信じていたら悪意ある別人がなりすましていたという可能性もあります。現実世界のトラブルへ発展することもあるので注意しましょう。

いつ、だれと、どこにいるかがわかる投稿はNG!
○○ちゃんと
△△カフェでパフェ
食べてま

投稿前にチェック！

SNSの写真投稿は要注意

CHECKPOINT

- 自撮り画像は慎重に
- 背景にも気を配る
- プロフィール画像は個人情報に気をつけて
- 他人が写っている写真の投稿は要確認
- 位置情報の公開は原則NG

●自撮り画像は慎重に

楽しい写真はつい誰かと共有したくなりますが、顔などの個人情報が特定できる写真の取り扱いは、注意しましょう。受信した相手が好意をもって送ってくれたなどと思い込んでストーカーに発展したり、他の用途に使用されたりする危険もあります。

●背景にも気を配る

何気なく撮影した写真の背景に写り込んだマンホールのふたや、電柱にある住所から自分が住んでいる地域や最寄りの駅が特定されてしまうかもしれません。室内で撮った写真でも、窓から見える風景や内装の様子から住所が特定される場合もあります。1枚の画像の情報は完全でなくても、過去に投稿した数種類の画像から個人情報を特定されてしまう可能性もあります。

防犯
ネット
防災

●プロフィール画像は個人情報に気をつけて

SNSのプロフィール画像は、たとえ公開範囲を限定していても誰でも見ることができるものもあります。顔写真には注意し、家族や友人、学校、会社、住所を特定できる写真も使わないほうが安心です。

●他人が写っている写真の投稿は要確認

親しい友人でも、写真を勝手にSNSに投稿してはいけません。写真をネット上で公開するのを避けている人もいるので、トラブルになることがあります。写真を投稿していいかどうか必ず本人に確認しましょう。

第三者が写っている場合は、本人が特定できないようにします。写真撮影に誘われた際は、許可なくSNSに投稿される可能性も

SNSに投稿したピース写真から、指紋が盗まれる事件も。拡大して指紋が見える場合は要注意

あると考えて判断しましょう。

●位置情報の公開は原則NG

ＳＮＳで自分の行動を公開するときは注意が必要です。自ら位置情報を掲載していませんか？

自分のライフスタイルを悟られたり、自宅や友人宅での写真を掲載した場合は住所が特定されてしまうことになります。位置情報は、原則ＯＦＦにしましょう。

防犯
ネット
防災

一度のあやまちが一生つきまとう可能性も……

リベンジポルノ対策

CHECKPOINT

- 「撮らせない」「撮らない」「送らない」
- ネット拡散を脅されたらすぐに警察へ！
- ネットで公開されたら早急に削除依頼をする
- 拡散された画像を完全に消去するのは難しい

●「撮らせない」「撮らない」「送らない」

リベンジポルノは、別れた恋人や配偶者に対する復讐（リベンジ）として、交際時に撮影した相手のわいせつな写真や映像を、インターネットなどを通じて無断で公開する嫌がらせ行為です。裸でなくても、口元や胸元をあらわにした写真など性的な写真も含みます。交際していない場合でも、SNSで知り合い、画像を送信してしまった場合にも、同じことが起こる可能性があります。スマホが普及したことで、近年その被害は急増しています。

被害に遭わないためには、「裸の写真を撮らせて」や、「裸の画像を撮って、送って」と言われても、きっぱり断ることが大切です。2人の思い出や記念として一緒に楽しむ気持ちから、好きな人に頼まれたらOKしてしまいそうになるかもしれませんが、このようなトラブルがあることをふまえ、後悔することのないように毅然とし

防犯
ネット
防災

た態度で断りましょう。

●ネット拡散を脅されたらすぐに警察へ！

すでに画像を送ってしまった場合、「画像をインターネットに掲載されたくなかったら、言うことを聞け」などと脅されることもあります。そのようなときはひとりで悩まず、すぐに警察などに相談しましょう。

●ネットで公開されたら早急に削除依頼をする

インターネット上に公開された情報は、瞬時に拡散される可能性があります。もしインターネット上に自分の性的な画像などが公開されてしまった場合は、プロバイダや掲載されたサイトの運営会社に削除を依頼することができるので、早急に相談しましょう。最寄りの警察署のほか、各都道府県警のサイバー犯罪相談窓口でも相談

大好きな彼はそんなことしないと思っていませんか？ 「まさか！」に注意です

できます。拡散される前に、できるだけ早く行動することが大切です。

●拡散された画像を完全に消去するのは難しい

リベンジポルノは犯罪で、懲役や罰金が科せられますが、一度掲載されてしまった画像の完全な削除はむずかしいのが現状です。消去できたと思っても、忘れた頃に画像が見つかるなど、一生の傷となり苦しむことになる可能性もあります。写真を撮りたいと言われても、「わたしを大切に思うならやめてね」と断るのが何より大切です。

防犯
ネット
防災

COLUMN

追跡される!? Web広告の仕組み

「Cookie」で自分の好みが把握される

「新しい〇〇がほしい」とショッピングサイトを眺めたあと、別のサイトを開くと、さっき見ていた商品の広告が表示されたことはありませんか？

Webサイトへの訪問履歴をもとに広告を表示することを「ターゲティング広告」といいます。ここでポイントになるのが、インターネット上のユーザーの行動を追跡するCookieという機能。Cookieは1事業者ごとに管理しているものですが、広告事業者同士が情報連携していて、互いにCookieを送り合える仕組みが動いています。今の個人情報保護法では、Cookieは個人情報として扱われていないので、マーケティングに活用されているのです。

Web広告は消費者の関心の高いコンテンツにいち早くつながることができるメリットがありますが、一方で複数の情報を分析すれば、年齢や性別、思考などのユーザーの属性を詳しく割り出すこともできます。セキュリティ、プライバシー面で不安を覚える方もいるでしょう。

ターゲティング広告が気になるときは、こまめにCookieを削除するか、情報を残さない「プライベートブラウジング」を使いましょう。インターネットの安全は「よくわからないから」で済ませないことが大切です。

第5章

わたしの命を守るために

ひとり暮らしの防災アイデア

Q

防災まちがい探し〈自宅編〉

お部屋の防災対策は自分の命を守ることに直結します。防犯対策として〝まちがっているもの〟を4つ探してみましょう。

答えは次のページ

A

防災まちがい探し〈自宅編〉解答

1 重いものを高い位置に置いている

テレビなど重い家具・家電を高い位置に置くと、地震の揺れによって落下し、ケガをする可能性があります。

P178 へ

2 観音開き扉に地震対策をしていない

食器棚など観音開きになっている扉には、中のものが飛び出さないよう開放防止グッズを設置しましょう。

➡ P186へ

3 家具が倒れて通路をふさぐ可能性

通路やドア付近に大きな家具・家電があると、地震の揺れで転倒した場合、出入口がふさがれてしまうので設置場所の変更を。

➡ P178へ

4 大きな家具の転倒対策をしていない

本棚や冷蔵庫ど背の高い家具・家電には、市販の転倒防止グッズを設置し、地震対策をしましょう。

➡ P186へ

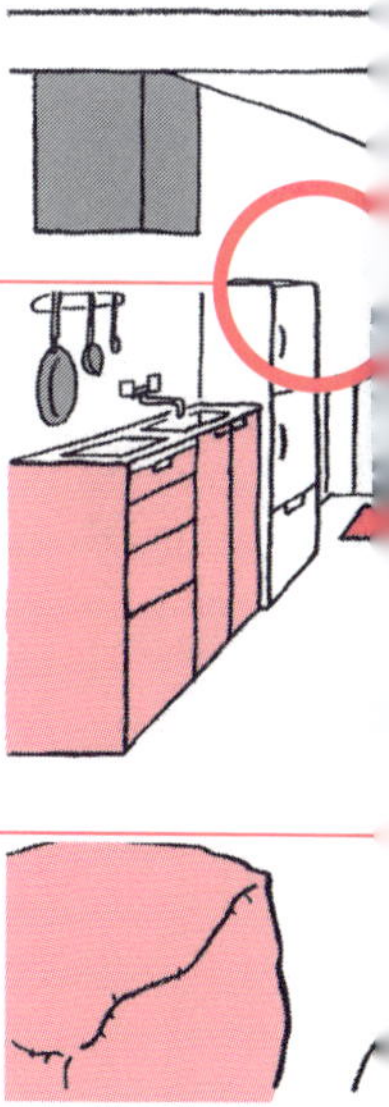

●防災意識を高めよう

昨今、日本では東日本大震災や熊本地震など大きな地震が続き、2018年は西日本豪雨、大阪北部地震、北海道胆振東部地震など、「今年の漢字」が「災」になるほど被害の大きい災害が起こりました。自分の命や生活を守るために、日ごろから備えておくことが大切です。

セコムが全国の男女500名に行った調査（※）の結果、災害に対して不安を抱いている人はとても多く、地震への不安を持っている人は51%、台風・大雨・洪水への不安を持っている人は34%という結果になりました。

しかし「なんらかの防災対策をしていますか」という質問に対して「対策をしている」と答えた人は全体の36%にとどまる結果に。

ただし、36％という結果は調査を開始した２０１２年以降で最も高い数字です。災害が身近に起こったことがきっかけで防災意識が高まっている可能性があります。

防災対策をしている人の中で、一番多いのは非常持ち出し袋の用意（70％）。テレビや食器棚等の転倒防止器具の設置も50％と半数の人が対策をしている結果になりました。

大きな災害はいつどこで起きるかわかりません。自宅だけでなく、学校や会社、移動中に起きたとき、どのように行動するか、日頃から考えておきたいですね。

特にひとり暮らしの場合、自分の命を守ることができるのは自分だけです。家具の地震対策はどうするのか、食料の備蓄はどの程度用意するのか、非常持ち出し袋に何を入れるのか……ぜひ考えてみてください。

※『日本人の不安に関する調査』
（2018年12月にインターネットによるアンケート回答方式で実施）

いざというとき、困らないために

地震に強い部屋のつくり方

CHECKPOINT

- 家具は固定、観音開き扉にはストッパーを
- テレビなど重いものは低い位置に置く
- 出入口付近や通路に大きな家具・家電を置かない
- 非常持ち出し袋と靴は取り出しやすいところに
- 水を蓄えておく習慣をつける

●家具は固定、観音開き扉にはストッパーを

本棚や冷蔵庫など背の高い家具・家電には、転倒防止グッズを設置し、照明や壁掛け型のインテリアには、落下防止のため固定器具をつけましょう。本棚や食器棚など、観音開きになっている扉には、開放防止用の留具を設置できます。大切な置物や食器、本を守ることはもちろん、落下物や割れ物の破片によってケガをしないためにも必要です。まずはできるところから始めましょう。

●テレビなど重いものは低い位置に置く

テレビ、電子レンジ、プリンターなど重いものを家具・家電の上に置くと、地震の揺れによって落下し、揺れの方向によっては、自分に向かって飛んでくることもあります。特に就寝中の地震の場合は大変危険です。重くて大きな家具・家電はベッドや布団を敷く場

所から遠ざけ、なるべく低い位置に置きます。また、本棚の場合、下の段に大型本など重いものを入れ、上の段は小物など軽いものを入れることで、重心が下がり、倒れにくくなります。

●出入口付近や通路に大きな家具・家電を置かない

ドア付近などに背の高い本棚など大きな家具・家電があると、地震で転倒した場合にドアの開閉を妨げ、部屋から出られなくなる可能性も。避難経路を意識して家具の配置を考えましょう。

●非常持ち出し袋と靴は取り出しやすいところに

非常持ち出し袋は、ベッドサイドや玄関など、昼でも夜でも取り出しやすい場所に（詳細は198ページで紹介）。逃げるときにガラスの破片などでケガをしないように、底の厚い靴とヘルメットも一緒に備えておきましょう。

MEMO

非常持ち出し袋をクローゼットの奥や棚の上にしまっては、いざというとき取り出せないので要注意

●水を蓄えておく習慣をつける

中高層の建物では、電気を使って上層階に水を流しているので、電気が止まると水道も止まります。

飲料水のほかに、生活用水も必要になるので、ペットボトルの水を買い置きをしたり、お風呂の水は翌日に入れ替えるまで貯めておいたりすると良いでしょう。空いたペットボトルに水道水を入れておいてもいいですね。台風や落雷で送電がストップしても、水道は使えなくなる場合があります。台風や落雷の予報が出ているときは特に注意しましょう。

大きな家具は固定する
重いものは下、
軽いものは
上の段に！
置物
CD・文庫本
大型本

必ず2つ以上のルートを確保！

避難ルートを確認する

CHECKPOINT

- 家の中の動線を確認しておく
- 屋外への脱出ルートを2つ以上確保する
- 集合住宅では非常口・非常階段を確認
- 災害発生時はエレベーターを使わない
- 自宅から避難所までのルートを確認

●家の中の動線を確認しておく

地震が発生したとき、自分はどう行動するのか、シミュレーションしておくことはとても大事。まずは自分の部屋からどのようにして脱出するか、玄関またはベランダまでの避難ルート（特に寝ているとき）をイメージします。

玄関やベランダへの脱出ルートには、障害になるものを置かないこと。電気が消えて真っ暗な状態でもつまずかないように、電気コードはきちんと壁側にまとめ、床にはものを置かないようにしましょう。

●屋外への脱出ルートを2つ以上確保する

集合住宅の場合、多くは共用部分に非常口や非常階段が設置されています。また、非常時にはベランダにある隣家との仕切り板を破って避難できるようになっていたり、階下への避難はしごが設置されていたりします。玄関とベランダ（低層階なら窓）など屋外への脱出ルートを2つ以上確保しましょう。

●集合住宅では非常口・非常階段を確認

集合住宅では、避難経路が決まっているはずです。非常口や非常階段が普段は使えない状態になっていたら、非常時の解錠方法を確認します。避難経路や非常口に荷物などが置いてある場合は、大家さんや不動産会社などに伝え、片づけてもらいましょう。

●災害発生時はエレベーターを使わない

地震後に屋外へ避難するときに、エレベーターを使用するのは危険です。閉じ込められてしまう可能性もあるため、高層階にいる場合も非常階段を使って避難するルートをチェックしておきましょう。

MEMO

いざというときに迷わないよう、防災イベントに参加して、避難ばしごや消火器を使ってみましょう

●自宅から避難所までのルートを確認

新しく住む土地では、避難場所に指定されている学校や公民館の場所をチェックしておきたいですね。災害が起きてからではネットがつながらなかったり、スマホの充電が切れたりして調べられないこともあります。

自宅近くの避難所や防災拠点を事前に調べて、実際に行ってみましょう。わからないときは、住んでいる地域の自治体のホームページや窓口で確認しておくと安心です。

防犯
ネット
防災

賃貸でもできる！
家具・家電の地震対策

CHECKPOINT

- 地震時の家具転倒はとても危険
- ホームセンターなどで買える転倒防止グッズ
- 耐震マット、観音開き扉ストッパー
- ストーブの近くに燃えやすいものを置かない

●地震時の家具転倒はとても危険

大地震が起きたときは、大きな家具を押さえようとすると下敷きになる可能性が高く、非常に危険です。また、深夜に地震が起きた場合、家具の下敷きになってしまう危険も。自分の身を守るために、防災グッズを活用しましょう。ホームセンターや通販では賃貸住宅でも使える多種多様なグッズが揃っています。

●ホームセンターなどで買える転倒防止グッズ

大きな家具・家電なら、家具の上部と天井の間に設置する転倒防止グッズを取り付けます。フローリングのような滑りやすい床の場合、家具の下に敷くプレートを設置するのもおすすめです。

防犯
ネット
防災

●耐震マット、観音開き扉ストッパー

パソコン、薄型テレビ、電子レンジなど、地震の際に台から落ちる危険のある機器・家電には底の四隅に耐震マットを貼りましょう。粘着性が弱まっても洗って繰り返し使えるタイプもあります。

食器棚は中のものがすべらないようにすべり止めシートを敷き、観音開き扉には揺れで中のものが飛び出さないよう、ストッパーをつけます。

●ストーブの近くに燃えやすいものを置かない

地震が起こったときは、二次被害の火災を起こさないよう気をつける必要があります。ストーブのそばには洗濯物やクッションなどの燃えやすいものを置かないように日ごろから気をつけましょう。

MEMO

地震の際にガラスが割れて飛び散る危険もあるのでレイアウトを考えましょう

★家具転倒防止グッズ

★耐震マット

★観音開き扉
ストッパー

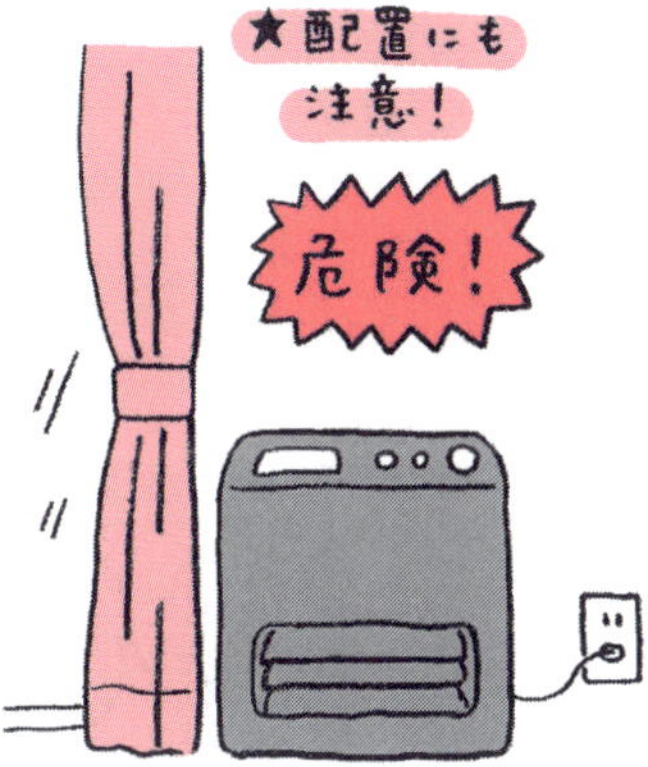
★配置にも
注意!
危険!

スペースをとらずに普段使い

ローリングストック法で食料備蓄

CHECKPOINT

- 普段使いと災害用備蓄を兼ねる
- 備蓄の量は低層階なら3～4日、高層階は1週間
- まずは高カロリーで手軽に食べられるもの
- 野菜不足が心配なら野菜ジュースも
- カセットコンロとボンベで温かい食事

●普段使いと災害用備蓄を兼ねる

以前は「長期保存できる食料を3～4日分のセットで購入して備蓄」という考え方が主流でしたが、今広まりつつあるのは、普段から少し多めに食料や加工品を買っておき、食べたらその分を買い足していく「ローリングストック法」。常に一定量の食料を「食べながら備える」ので、賞味期限を過ぎて廃棄することもなく、賞味期限が短い加工品でも備蓄食料になります。

●備蓄の量は低層階なら3～4日、高層階は1週間

備蓄はライフライン（水道・電気・ガス）が復旧するか、支援物資が届くまで生き延びるためのものです。高層階に住んでいる場合は、下まで降りることができず、自分の部屋で過ごさなければならないので、1週間分、低層階では3～4日分が目安です。また救援物資

は避難所に届きますが、急激に人口が増加している地域では避難所に入れないことがあるかもしれません。避難所に救援物資が届くまでというより、ライフラインが復旧するまでの備蓄、と考えておいたほうが安心です。

●まずは高カロリーで手軽に食べられるもの

備蓄食料は水がなくても簡単に食べられるものを準備します。非常時はカロリーを摂取することが大切なので、高カロリーのチョコレートやようかん、缶入りのパン、ビスケットなどは用意したいですね。魚や肉、果物、野菜などの缶詰は、普段から試しに食べてみて、好きな味をストックしておくといいでしょう。

●野菜不足が心配なら野菜ジュースも

栄養の偏りが心配なら、野菜ジュースを多めに備蓄するといいで

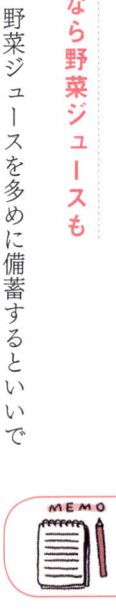

非常食は封を開けるだけで調理不要なものや、水を注いで食べられるものまで、つくり方もさまざま

しょう。ピクルスなどの瓶詰やザワークラウト（キャベツの塩漬けの発酵食品）もビタミン補給になりますし、日ごろの食事にも使えます。ベランダ菜園やぬか漬けも強い味方です。

●カセットコンロとボンベで温かい食事

電気もガスも止まったときにカセットコンロは重宝します。温かいお茶やスープが飲めると、心もほっと温まります。普段の生活にも使えるので、カセットボンベは少し多めに買い置きをしておくと安心です。

自宅に常備しておきたい！

女子のための防災グッズ

CHECKPOINT

- 生理・衛生用品や水がいらないシャンプーも！
- ラップやアルミホイル、ポリ袋も多めに買い置き
- 非常用トイレセットがあるとさらに安心
- 季節・天候によって必要なもの

●生理・衛生用品や水がいらないシャンプーも！

水が出なくても、ある程度は体を衛生的に保ちたいですよね。除菌できるウェットティッシュ、水のいらないシャンプー、歯みがきシートなどは、普段の旅行でも役に立つので、備えておくと便利です。生理用品や衛生用品も1周期分多く買い置きしておきましょう。

●ラップやアルミホイル、ポリ袋も多めに買い置き

ラップやアルミホイルはそのまま食器にかけて使えば食器を洗わずにすみます。小さいポリ袋は調理にも使えますし、炊き出しで食べ物を入れられます。大きいポリ袋は雨合羽の代わりのほか、段ボールやバッグの内側に入れると、給水車からの水の運搬に使うバケツ代わりになります。トイレにかぶせて、中に新聞紙や古い布を入れれば、簡易トイレにもなります。

防犯
ネット
防災

また、割れた窓ガラスや食器を片づけるために、布製ではなくゴムなどでできた保護力の高い軍手を用意しておくと便利です。

●非常用トイレセットがあるとさらに安心

断水になると水洗トイレは使えません。非常用トイレセットをひとりにつき10回分用意しておくと安心です。各種タイプから使いやすいものを選んでみてください。

●季節・天候によって必要なもの

季節によって必要なものは違いますが、雨がっぱやタオル、汗拭きシート、カイロ、防寒用のアルミシートなども準備しておきましょう。

MEMO

非常用トイレは①ポリマーシートタイプ　②粉末凝固剤タイプ　③タブレットタイプ　④吸水パックタイプなどさまざま

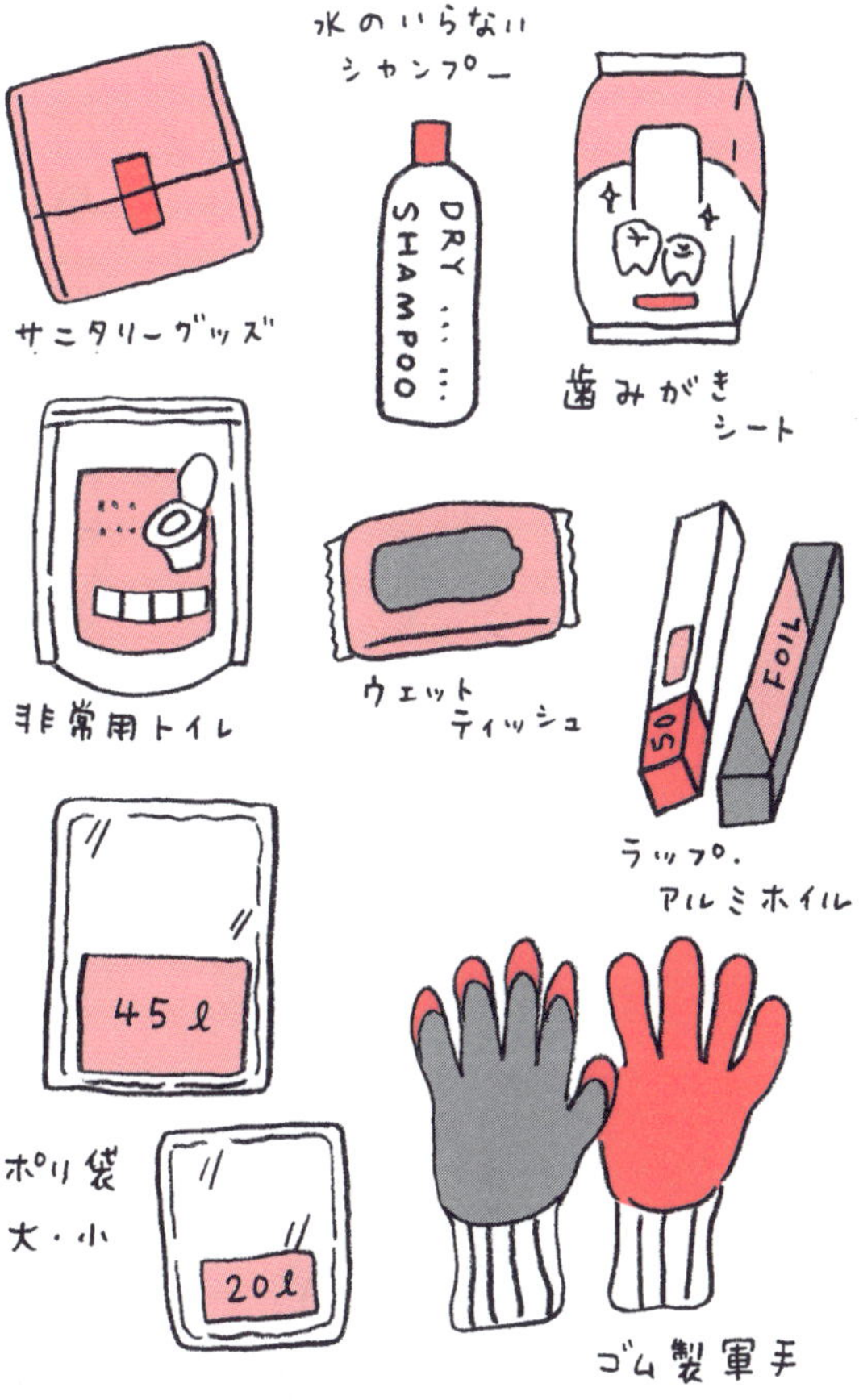
水のいらない
シャンプー
DRY SHAMPOO
サニタリーグッズ
歯みがき
シート
非常用トイレ
ウェット
ティッシュ
FOIL
50
ラップ、
アルミホイル
45ℓ
ポリ袋
大・小
20ℓ
ゴム製軍手

緊急時に必要なものを厳選して

基本の非常持ち出し袋

CHECKPOINT

- 1～2日分の非常食と飲料水
- 懐中電灯、手回しラジオ、丈夫な軍手
- 医薬品・常備薬、ウェットティッシュ、眼鏡
- 筆記用具、マスク、靴下

●1日〜2日分の非常食と飲料水

まずは被災後、1〜2日間生き延びられるよう非常食や飲料水を用意します。目安としては食料として缶詰めやアルファ米、缶入りのパンなどを2日分程度。保存水として500ml×3本程です。いざ逃げるとき簡単に持ち運べるように、全体の重さは4〜5kgに抑えましょう。

●懐中電灯、手回しラジオ、丈夫な軍手

貴重な情報源になるラジオは、手回しで充電できるタイプが便利です。スマホの充電もできるものもあります。非常用トイレやゴム製などの丈夫な軍手も入れておきましょう。

●医薬品・常備薬、ウェットティッシュ、眼鏡

外用薬、消毒薬のほか、日常的に服用している薬を入れます。ウェットティッシュは水が使えないときに役に立つ便利グッズ。また、普段コンタクトの人は、衛生面を考えて眼鏡を用意しておくと安心です。

●筆記用具、マスク、靴下、使い捨てスリッパ

震災直後は電話で連絡がとれない可能性も。伝言やメモを書くための筆記用具を用意しましょう。濡れても消えない油性ペンがおすすめです。ホコリや衛生面を考え、マスクを複数枚用意しておくと安心。靴擦れ防止やがれきの上を歩くことを想定し、厚手の靴下を準備し、避難所ではスリッパがあると安心です。コンパクトなエアマットがあると、避難所生活のストレスも軽減されます。

両手が空き、持ち運びやすいリュックがベスト。
防火仕様のものを選びましょう

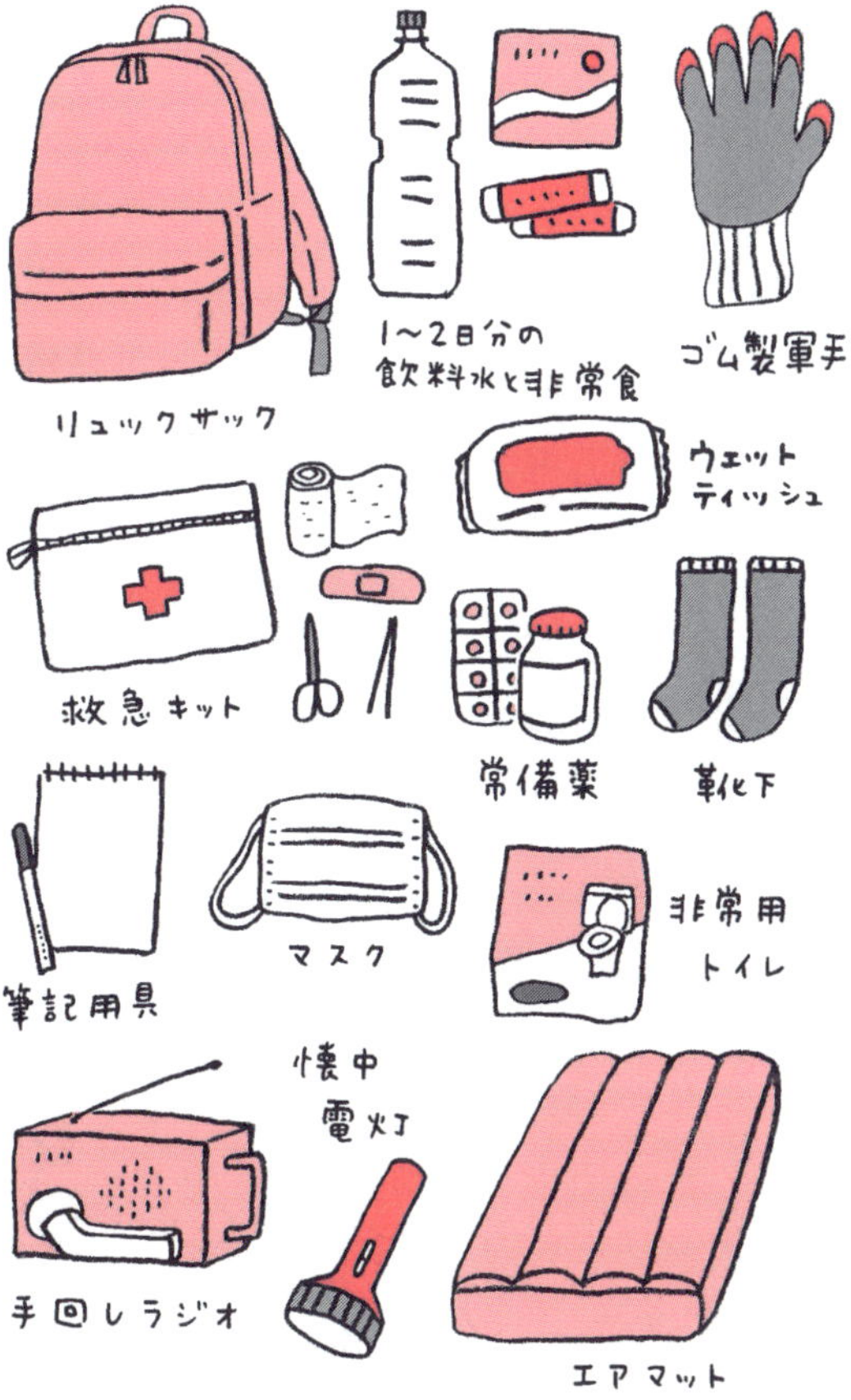
リュックサック
1〜2日分の
飲料水と非常食
ゴム製軍手
ウェット
ティッシュ
救急キット
常備薬
靴下
筆記用具
マスク
非常用
トイレ
懐中
電灯
手回しラジオ
エアマット

心を落ち着かせるグッズも
女子が用意しておきたい＋αグッズ

CHECKPOINT

- 生理用品は多めに
- 水を使わないシャンプー、歯磨きグッズ
- カップ付きインナーで快適に
- 顔にも体にも使える保湿クリーム
- 心を落ち着かせるグッズ

●生理用品は多めに

通常の使用方法に加え、洗濯ができない場合の下着の着替え代わりにもなるので、衛生的に過ごすグッズとしても活用できます。生理用品は、救援物資の中でも届くまでに時間がかかる可能性があります。普段から1周期分多く自分で準備しておいたほうが安心です。

●水を使わないシャンプー、歯磨きグッズ

被災時は水が貴重になるため、水を使わずに髪を洗えるアイテムがあると、不快感を和らげることができ、心が落ち着きます。

オーラルケアは、虫歯予防だけでなく、健康管理の面でも大切。歯磨きシートは手軽に歯が磨けて安心です。マウスウォッシュもあれば、お口すっきりで気持ち良く過ごせます。

●カップ付きインナーで快適に

共同生活となる避難所の多くはオープンスペースなので、周囲から見えない場所が少なく、着替えもしにくくなります。締め付けすぎず、そのまま眠れるカップ付きインナーがあると便利です。

●顔にも体にも使える保湿クリーム

肌が乾燥してしまうと、気持ちもふさいでしまいます。顔にも体にも使える保湿クリームやいつも使っている化粧水やクリームの試供品があると良いですね。肌の弱い人にとって「普段は使っていないクリーム」は肌トラブルのもとになるので要注意。

●心を落ち着かせるグッズ

非常持ち出し袋は、一度準備して終わりではありません。最近は、

非常持ち出し袋は食料の消費期限や懐中電灯の電池をチェック。定期的にメンテナンスを

衛生面をケアできる便利なアイテムがたくさんあるので、日常生活でいろいろ試しながら、カスタマイズしてください。

重さやスペースに余裕があれば、避難場所で便利な部屋着、オールインワンタイプの化粧品、防寒にも使えるタオルも入れます。

また趣味や家族に関連する「ほっとさせてくれるアイテム」を入れておくと、精神的な負担が少し軽くなります。写真や文庫本、大好きなチョコレート、小さなぬいぐるみなど、好きなものを入れてみてください。

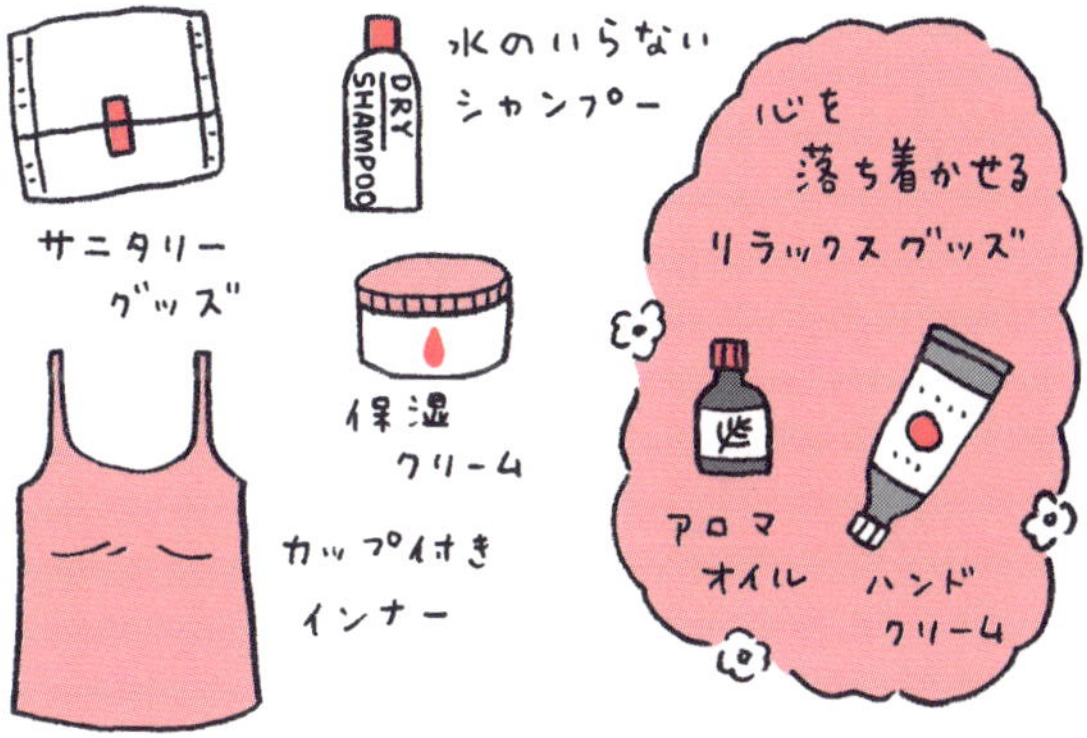

土地のリスクを知っておこう

ハザードマップを見てみよう

CHECKPOINT

- 被害が予想される場所を
あらかじめ確認
- 避難所と避難場所の違いって？
- 給水拠点や備蓄倉庫など
物資調達可能な店舗をチェック
- 避難経路を確認し、一度歩いてみる

●被害が予想される場所をあらかじめ確認

新しい土地でひとり暮らしを始めたばかりでは、どこが危険な場所なのかわかりません。地域の自治体が作成しているハザードマップ（被害予測地図）などで土地のリスクを知り、被害が予想される場所や二次災害の危険性がある場所をチェックします。避難場所などの情報を掲載しているハザードマップもあるので、ぜひ確認してみてください。

●避難所と避難場所の違いって？

「避難所」は、被災して自宅で生活することが困難になったときに、一時的に生活できる、小中学校の体育館や公民館などの施設です。災害の影響が少なく、外部からの救援が届きやすい公共施設が指定されています。食料や飲料水、毛布などが備えられており、大勢の人が一時的に生活できる環境が揃えられています。

「避難場所」や「広域避難所」は火災や津波などの危険から逃れるために、避難する場所。「避難場所」に移動する前に、近隣の住民が集まって様子を見るための「一時（いっとき）集合場所」や「一時避難場所」が指定されている地域もあります。避難場所の呼称や避難のタイミングなどは地域によって異なるので確認しておきましょう。

●給水拠点や備蓄倉庫など物資調達可能な店舗をチェック

災害時給水ステーション（給水拠点）は、地震などの災害により水道が出なくなったときに、水を配る場所です。

備蓄倉庫は防災の備えとして、さまざまな物資や消耗品が保管・備蓄されている倉庫。地域や大型マンション、会社などにあります。コンビニなども含め、物資調達可能な場所を把握しておきましょう。

土地の名前で傾向がわかる場合もあります。学校や職場の付近も調べておきましょう

●避難経路を確認し、一度歩いてみる

実際に町を歩いて、ハザードマップを見ながら避難経路や避難所、避難場所の位置を確認しておきましょう。

道幅が狭く、ブロック塀や建物が密集した道路や、看板などの落下物の危険がある道路はなるべく避けて、安全に通れるルートを調べ、家族や友人と歩いてみると安心ですね。

いざというときのために

学校やオフィスに備える防災グッズ

CHECKPOINT

- 底の厚い運動靴・ヘルメット
- 懐中電灯
- 少量の食料と水
- ホイッスルや防犯ブザー
- リュックサック

●底の厚い運動靴・ヘルメット

学校や勤務先で被災したときのことを考えて、自宅に帰るまでに最低限必要なグッズをロッカーや職場のデスクの中に置いておきましょう。状況によっては、徒歩で帰宅することになります。

路上は地震によって崩れ落ちた看板や外壁、飛散したガラスの破片などがあって危険な状況です。履き慣れた底の厚い運動靴を用意しておきましょう。中高層の建物からガラスなどが落ちてくることも多いので、ヘルメットも欠かせません。

●懐中電灯

停電になると、夜は真っ暗になります。運動靴と一緒に懐中電灯も置いておきましょう。夜間に外を歩くときや、真っ暗になった学校、オフィスビルから脱出するときにも役立ちます。電池タイプの懐中電灯の場合はデスクの中に予備の電池を一緒に用意しておきましょう。

●少量の食料と水

学校やオフィスには、基本的に防災の備品・備蓄対策があるはずですが、充実度は様々です。お菓子などちょっとした食料を用意しておくと、帰宅困難者になった場合などにいつでもすぐに食べられるため、緊急時のエネルギー補給に役立ちます。

ペットボトルの保存水は飲み水としてだけでなく、ケガをしたときの洗浄にも役立ちます。

●ホイッスルや防犯ブザー

万一、身動きがとれなくなって、周囲に助けを求めるときにホイッスルや防犯ブザーが役に立ちます。声よりも遠くまで響きますし、

普段スカートをはく機会が多ければ、ズボンを置いておくと、いざというときに役立ちます

ホイッスルは体力が低下していて声が出しにくいときも軽く息を吹き込むだけで大きな音が鳴ります。

●リュックサック

両手が使えるリュックサック型のバッグが理想的。普段トートバッグで通学・通勤している人は、リュックサックに防災グッズを入れて学校やオフィスに置いておくと良いですね。

万一の雨に備え、バッグに折りたたみの傘やレインウェアも入れておきましょう。ヘルメットがないときはバッグで頭部を保護しましょう。

家族とも確認しておきたい

安否確認の手順

CHECKPOINT

- 家族や友人知人と安否確認方法を話し合っておく
- 「災害用伝言サービス」の使い方をマスターする
- 災害用伝言サービスを体験してみよう
- 安否情報を登録・確認

●家族や友人知人と安否確認方法を話し合っておく

災害時は、被災地への電話が集中して回線が混み合い、電話もメールもネットもつながりにくくなります。「災害用伝言サービス」の登録や確認方法を事前に知っておき、利用しましょう。

さらに家族と連絡がとれなかった場合に落ち合う場所も決めておくと良いですね。第一候補は「○○公園」、そこに避難できなければ「○○学校」など、具体的に決めておきましょう。

●「災害用伝言サービス」の使い方をマスターする

スムーズに安否確認が行えるのが「災害用伝言サービス」です。災害発生時、連絡をとりたい相手の電話番号宛てに伝言を音声で登録する「災害用伝言ダイヤル（171）」や、伝言を文字で登録し、携帯の電話番号を入れるだけで、全国から伝言が確認できる「災害

防犯
ネット
防災

用伝言版」などがあります。登録方法（音声や文字）、録音時間や文字数など各通信会社のサービス内容を事前に確認することはとても大切です。防災対策の一歩として確認してみましょう。

●災害用伝言サービスを体験してみよう

「災害用伝言サービス」は、災害時に使用できるものですが、サービスを提供している通信各社は、災害に備えた体験利用日として、通常毎月1日・15日に一般開放しています。地震が発生したときに初めて使うとなると、平常心でいられず焦ってしまったり、使い方がわからなくてパニックになってしまうことも。事前に体験して、使い方や連絡事項を家族や友人知人と共有しておきましょう。なお、このサービスを家族で登録している場合は、家族にも自動で通知されることもあるので、体験利用であってもひと言連絡してからやってみてください。

災害用伝言サービスは異なるキャリア同士でも使えます。緊急時にはぜひ活用を

●安否情報を登録・確認

自分の安否情報を登録するときは……

(1)災害用伝言版にアクセス
(2)「登録」を選択
(3)「無事です」「自宅にいます」「避難所にいます」など、現在の状態について選択肢から選びコメントを入力し、「登録」を押す

相手の安否情報を確認するときは……

(1)伝言版にアクセスし、「確認」を選択
(2)安否情報を確認したい方の電話番号を入力し、「検索」を押す
(3)伝言一覧が表示されたら、詳細を確認

電車帰宅？　徒歩帰宅？

帰宅困難者になったときのために

CHECKPOINT

- 大規模災害発生時はむやみに移動しない
- 帰宅支援マップを準備しておく
- 「一時滞在施設」と「災害時帰宅支援ステーション」

●大規模災害発生時はむやみに移動しない

学校や会社など自宅以外で被災した場合、むやみに移動せずにその場に留まりましょう。

多くの人が自宅に帰ろうとして一斉に移動すると、自分の身の安全の確保もむずかしく、政府機関などの救急活動に支障をきたすことも。「むやみに移動しないこと」が原則です。

●帰宅支援マップを準備しておく

大都市圏で大地震が日中に発生した場合、鉄道や地下鉄が数日間停止して、多くの帰宅困難者が生じると想定されています。まずはむやみに移動せず、その場に留まるのが原則ですが、周辺の安全が確認でき、徒歩で帰宅すると決めた場合は安全な徒歩ルートを選択することが大切です。

書籍やスマホアプリの帰宅支援マップ、ネットを利用して自分専用の帰宅支援マップを作成するサービスがあるので、事前に準備しておきましょう。

●「一時滞在施設」と「災害時帰宅支援ステーション」

外出時に被災して帰宅困難になった場合に利用できるのが、「一時滞在施設」と「災害時帰宅支援ステーション」です。

「一時滞在施設」は被災後3日間を目安に開放される帰宅困難者が待機できる施設。食料・飲料や毛布などが備えられ、庁舎やオフィスビル、ホテルなど多くの人が待機できる施設が指定されています。指定場所である目印は特にないので事前に自治体のWebサイトなどで確認しておきましょう。

「災害時帰宅支援ステーション」は徒歩で帰宅する途中、トイレ・水道水・休憩場所などを提供してくれる場所。コンビニやファミレ

「一時滞在施設」と「災害時帰宅支援ステーション」の場所をWebサイトで公表している自治体も

ス、ガソリンスタンドなどの運営企業が行政と協定を締結し、「災害時帰宅支援ステーション」として主に地震発生後72時間以降に開放します。目印となるステッカーが貼られているので、確認してみてください。

東京・神奈川・埼玉・千葉だけでも、約2万6千店舗が、各都県と協定を結んでいます。

防犯
ネット
防災

小さな油断が大きな火災へ……

自宅の火災対策

CHECKPOINT

- 料理中はその場を離れない
- 火の近くに燃えやすいものを置かない
- 「トラッキング現象」に注意
- アロマポットやキャンドルにも気をつけて
- 火災警報器の点検はきちんと

●料理中はその場を離れない

家庭で起こる火災で多いもののひとつが「コンロ火災」。料理中はもちろん、ヤカンでお湯を沸かしているときも、必ず近くにいること。その場を離れる場合は、短時間でもコンロの火を消します。

●火の近くに燃えやすいものを置かない

ガスコンロの近くに、布巾や手拭きタオル、鍋つかみなどがありませんか？　コンロの近くに燃えやすいものを置くのは避けましょう。また、換気扇やレンジフードには油膜がつきやすく、調理時の高熱で発火しやすいので、布製や木製のものをぶら下げるのは危険です。冬場はストーブの周囲にも、布や紙、プラスチック製品などの燃えやすいものを置かないように注意してください。

●「トラッキング現象」に注意

　プラグとコンセントの間にたまったホコリが空気中の水分を吸収し、プラグの差し込み部分に電気が流れ発熱・発火することを「トラッキング現象」といいます。

　また、枕元に置いた照明に布団が覆いかぶさり、火事になることもあります。不適切に使用していたために電気製品が発火し、火災につながることも。電気製品は日ごろから適切に使用し、こまめに点検・清掃しましょう。プラグにホコリがたまるのを防ぐカバーも販売されています。

●アロマポットやキャンドルにも気をつけて

　アロマを焚いてのリラックスタイムや、キャンドルのやわらかな光は心が和みますが、ごく小さな炎でも、消し忘れや目を離したす

MEMO

避難するときは、上層階に逃げない。一酸化炭素は無味無臭で、吸い込むことで、意識を失うことも

きにカーテンや壁紙などに燃え移り、火災につながることもあります。ウトウトしてしまいそうなときは、必ず火を消すようにしましょう。和紙などの紙製のランプシェードも使い方に気をつけて。電気式のアロマポットでも、使用上の注意をよく読み、正しく使用しましょう。

●火災警報器の点検はきちんと

賃貸住宅には火災警報器の設置が義務付けられています。火災警報器がついていない場合や、点検がなくて古くなっている場合は、大家さんや、不動産会社などに問い合わせましょう。

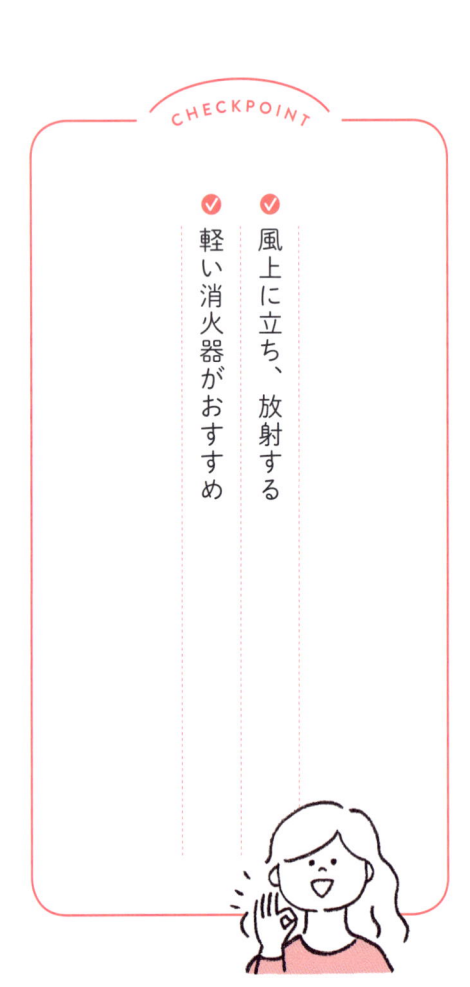

もしものときに慌てないように
消火器の使い方のポイント

CHECKPOINT

- 風上に立ち、放射する
- 軽い消火器がおすすめ

●風上に立ち放射する

消火の際は風上に立って火元から距離をとり、(1)安全栓を抜く　(2)ノズルを火元に向ける　(3)レバーを握って消火剤を放射する　という手順で行ってください。火から目を離さずにすべての動作を行うことが理想です。しっかりと火元を狙って放射しましょう。

●軽い消火器がおすすめ

消火器は意外に重いので、自宅に備える場合は重量が軽く、女性でもワンハンドで使えるものを選ぶとより安心です。

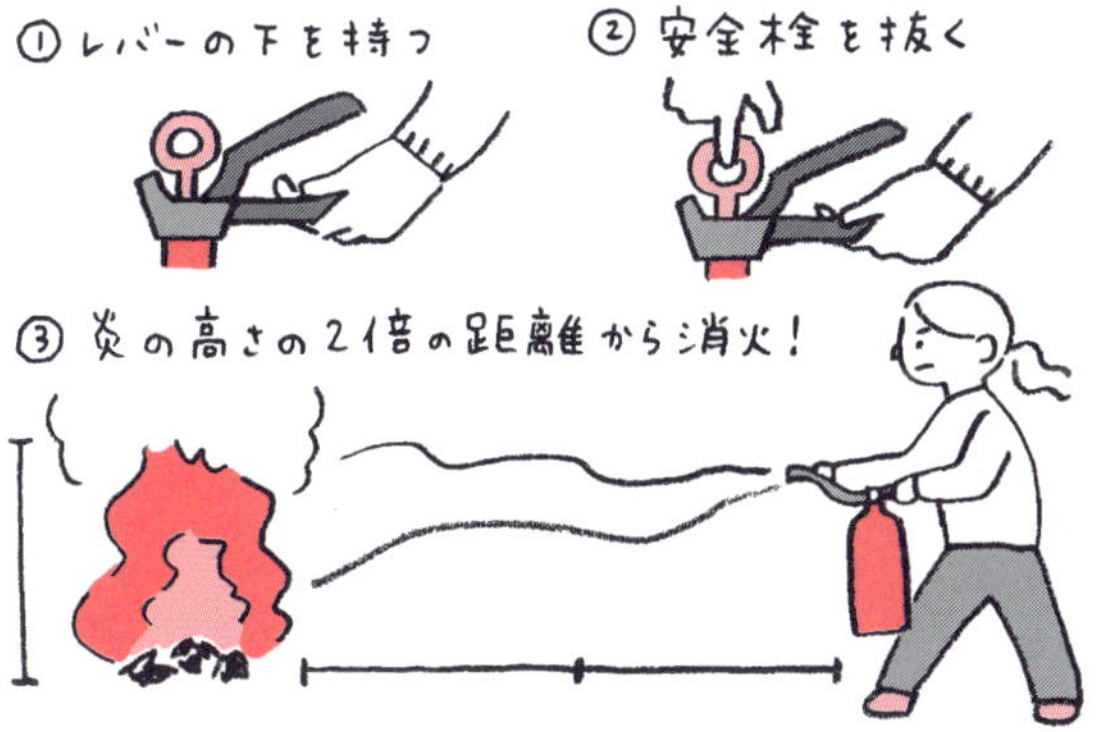

①レバーの下を持つ
②安全栓を抜く
③炎の高さの2倍の距離から消火!

あなたにもできることがあります

心肺蘇生とAEDの操作法

CHECKPOINT

- ＡＥＤは救急車の到着前に
- ＡＥＤを使う前に心肺蘇生
- 胸骨圧迫と人工呼吸のコツ
- 音声ガイダンスに従って、ＡＥＤを操作する
- ＡＥＤ使用時に気をつけたい3つのポイント

●ＡＥＤは救急車の到着前に

２００４年７月、ＡＥＤ（自動体外式除細動器）が医療に従事しない一般の人にも使えるようになりました。ＡＥＤを使用するのは、救急車が到着するまでの応急手当のとき。適切な応急手当で助かる命があります。

●ＡＥＤを使う前に心肺蘇生

傷病者を発見したら、以下の順ですすめます。

(1)意識があるかどうかを確認

意識がなければ、１１９番通報と周囲へＡＥＤの搬送を依頼。「誰か」ではなく、具体的に「黒いコートのあなたは１１９番通報してください」「白いブラウスのあなたはＡＥＤを持ってきてください」と指示しましょう。

防犯
ネット
防災

(2)呼吸の確認

まずは胸と腹部の動きを目で確認し、普段通りの呼吸があるかどうかを10秒以内で確認しましょう。普段通りの呼吸がない場合や、呼吸の有無が判断できない場合は心停止と判断し、心肺蘇生をはじめます。

※「判断に自信が持てない場合」も心停止とみなして胸骨圧迫を行いましょう。対応に迷ったときも心肺蘇生を行うことが大切です。

(3)ＡＥＤが到着するまで、心肺蘇生（胸骨圧迫と人工呼吸）を実施

胸骨圧迫は胸部を約５cm沈む強さで、１分間に１００回から１２０回のテンポで強く、速く、絶え間なく押しましょう。

人工呼吸は、あごを上に向かせて気道を確保し、倒れている人の鼻をつまんで口から息を２回ゆっくりと吹き込みます。そして、「胸骨圧迫30回、人工呼吸２回」のサイクルを、ＡＥＤが到着するまで繰り返してください。

応急手当は１人で行うのではなく、周囲の人に声をかけて、協力してもらうことが大切です

※人工呼吸については、講習を受講し技術を身につけて、かつ、行う意思がある場合に実施してください。

●胸骨圧迫と人工呼吸のコツ

肘を真っ直ぐ伸ばし、傷病者に対し腕が垂直になるように圧迫することがポイントです。

傷病者が子どもの場合は両手、または片手で胸の厚さが3分の1沈むまで圧迫してください。

力に自信がない女性でも体重をかければ効果的に行えますが、胸骨圧迫を絶え間なく続けるのは体力を使うため、周囲

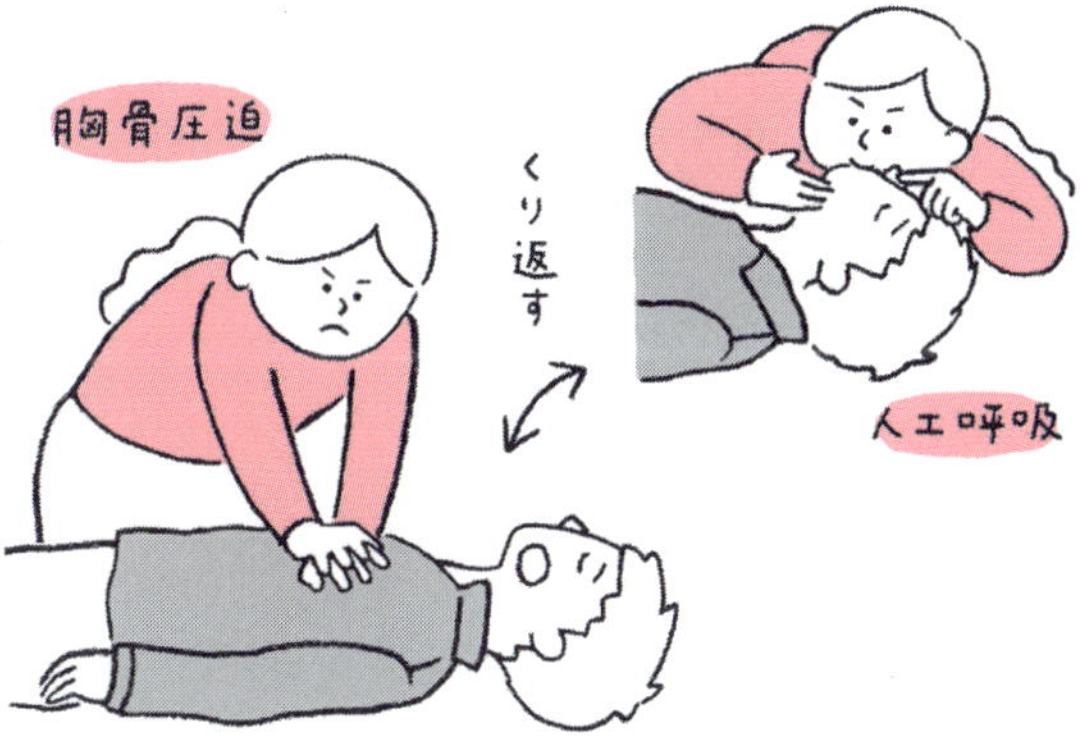

の人と協力して複数人で交代しながら行うことが大切です。

●音声ガイダンスに従って、ＡＥＤを操作する

傷病者のもとにＡＥＤが到着したら、操作開始です。

(1) 電源を入れる（ふたを開けると自動で電源がＯＮになる機種も）
(2) 音声ガイダンスに従って、パッドを取り出し、表示されているイラストの案内図の通りに貼る
(3) 電気ショックの指示があった場合は、ガイダンスに従い、通電ボタンを押す

万一電気ショックの必要がない場合に間違えて押してしまっても、通電は起こりません。ＡＥＤは、すべての手順が音声でガイドされます。ＡＥＤを初めて操作する人でも使うことができます。

●AED使用時に気をつけたい3つのポイント

1つ目は通電ボタンを押す前に傷病者から離れること。2つ目はパッドを貼る位置が濡れている場合は、拭いてから貼ること。3つ目はパッドに、傷病者のネックレスがかからないようにすること。金属製のものがあるとヤケドする場合があります。

通電ボタンを押して下さい
音声ガイダンスに従う
AED

COLUMN

非常食を食べてみよう

事前につくり方を知っていると安心

非常食を食べたことはありますか？最近の非常食はパンやご飯、お菓子など、たくさんの種類があります。封を開けるだけで調理不要なものや、水を注いで食べられるものなど、つくり方もさまざまです。

しかし、用意していたつもりでも、被災時に手に入りにくいお湯や缶切りが必要で食べられなかった……ということになってしまうと、せっかくの準備が台無しです。非常食を選んだら、まずはつくり方をチェックしましょう。

準備していた非常食の賞味期限が迫ってきたら、実際につくって食べてみるのがおすすめです。

被災時は普段の生活とは違い体力的にはもちろん、精神的にも不安定になってしまいがち。そんなとき「つくり方と味」を知っておくことで、被災時の不安感を少しでも和らげ、冷静に対応できるように、事前に非常食を食べておくことが大切になります。

非常食を用意しているけれど、つくったことがない、食べたことがない、という方は、ぜひ一度つくって試食してみてください。

食べながら、万一被災したときの対処法について考えてみてはいかがでしょうか。

第6章

いざというとき、どう動く?

防災
シミュレーション

いのちを守るための備えをしよう

自宅にいるときは、どうする？

CASE 1

A子さんが就寝中、
急にスマホの緊急地震速報が鳴りました。
慌ててテレビをつけると、
近隣の県で大きな地震があったみたい。
数十秒後、突き上げるような縦揺れが……！
こんなとき、どうしよう？

●「就寝中、緊急地震速報を受信した！」

「緊急地震速報」は、地震の発生直後に、震源や地震の規模を推測し、地震到達時刻や震度を予測して知らせてくれる警報です。テレビやラジオ、スマホなどで受信できます。「緊急地震速報」を受信した場合、通常は揺れがくるまで数秒から数十秒しかありません。速やかに身の安全を確保しましょう。

●「とにかく頭を守らなきゃ！」

最初の大きな揺れは、長くても1分程度だと言われています。その間は頭を守りながら揺れが収まるのを待ち、頃あいを見て玄関ドアや窓を開けるなど避難経路を確保するのが正しい防災行動の順序です。昼間ならテーブルの下にもぐり、就寝中なら、布団にもぐって頭を守ってください。「身の安全の確保」が最優先です。

防犯
ネット
防災

●「入浴中はどうすればいいの……？」

浴室やトイレにいる場合は建物がゆがみ、扉が開かなくなる恐れがあります。揺れを感じたら即座に洗面器やお風呂のふたなどで頭部を守り、扉を開けましょう。

大きな揺れが収まったら、バスタオルや衣類をはおって、安全な場所に移動しましょう。

●「料理で火をつかっているときに地震がきたら……」

一般家庭で使われているガスメーターには、震度5以上の揺れを感知すると、自動的にガスの供給を停止するガス漏れ遮断器が設置されていることが多くなっています。

揺れを感じたら慌てずに一度キッチンから離れ、揺れが収まって安全を確認してから、火を消しましょう。

①就寝中に
地震がきたら…
②まずは
頭を守る
③避難ルートを
確保する
④非常持ち出し袋を
持って安全な場所へ

ものが多い場所は要注意！

学校やオフィスでは、どうする？

CASE
2

B子さんがデスクで今日のスケジュールを確認していると、急に大きな地震が！
机の上の書類やキャビネットの本やファイルが床に飛び出している……。
窓ガラスにもヒビが入っているみたい。
こんなとき、どうしよう？

●「デスクの下に隠れて、頭を守ろう！」

学校やオフィスにいるときに大地震が発生しても落ち着いて行動できるよう、場所に応じた対処法を普段からイメージしておきましょう。揺れが大きいときには、頭を保護しながら、身の安全を確保し、冷静に行動することが大切です。

まず、本棚や電子機器などの転倒や落下物に注意しながら窓ガラスなど、割れやすいものから離れ、デスクの下に隠れましょう。揺れが収まったら、窓や戸を開けて出入口を確保します。エレベーターに乗っているときは、すべての階のボタンを押し、最寄りの階で降りましょう。

地震の揺れは一度きりとは限りません。強い余震がくることもあるので油断せずに安全を確保しましょう。

●「家族はみんな無事かな……？」

揺れが収まったら、家族の状況や自宅付近の被災状況を確認しましょう。事前に家族と相談し、災害用伝言サービスなどを使って連絡をとりましょう。メールや電話で連絡がとれない場合も考えて、最終的に落ち合う場所を決めておけばさらに安心です（詳細は214ページで紹介）。

●「電車が止まっているみたい。家までどうやって帰ろう？」

大きな揺れの後は停電していたり、公共交通機関が運行していない可能性があります。たくさんの帰宅困難者が出て、混乱が生じることも。大規模災害時はむやみに移動せず、安全な場所に留まるのが原則です。

●「家まで歩いて帰らなきゃ……」

しばらく安全な場所にとどまったあと、周辺の安全が確認できたら、帰宅を開始しましょう。公共の交通機関は止まっている可能性が高いため、徒歩での移動になることも。

徒歩で帰宅する場合は歩きやすい靴を履き、食料・飲料を携行すること。危険な場所を避け、飲料水やトイレなどの支援を受けられる場所、避難場所などを利用し、安全に移動してください（詳細は206、218ページで紹介）。

窓ガラスやプリンター、
キャビネットから
離れる

場所によって動き方を変えよう

外出中は、どうする？

CASE 3

繁華街を歩いてウィンドウショッピングを楽しんでいたC子さん。
そろそろお昼ごはんを食べようかな……
とお店を探していると、突然の大きな地震。
ビルの窓ガラスが割れ、
看板が落ちているお店もあるみたい。
こんなとき、どうしよう？

●「住宅街の地震で注意することは……」

住宅街は建物が密集していて、ブロック塀や門、自動販売機や電信柱など、倒壊の危険性があるものがたくさんあります。屋根瓦やガラスなどが落ちてくることもあります。

大きな揺れを感じたら、頭をバッグや上着などでガードして、危険な場所のそばからすぐに離れましょう。切断して垂れ下がっている電線や倒れた電柱には触れないように気をつけて。大きな揺れが収まったら、公園や学校の校庭など、近くに建物がない広い場所に避難しましょう。

●「ガラスや外壁のタイルが落ちてきた！」

オフィス街で心配なのは、ビルの窓ガラスや外壁のタイルなどの落下物です。繁華街では、店の看板やネオンなどが落下・転倒したり、古い建築物が倒壊したりすることが考えられます。

オフィス街や繁華街で大きな地震に遭った場合は、その場で立ち止まらず頭をバッグや上着などでガードしながら建物からできるだけ離れましょう。

大きな揺れが収まったら、公園や広場など、近くに建物がない広い場所に避難します。近くに広くて安全な場所がなければ、耐震性の高い鉄筋コンクリートのビルに避難しましょう。

●「地下にいるときはすぐ地上に出たほうがいいの？」

日本の地下街は地上より揺れが少なく、比較的安全な場所といわれています。火災警報器や消火栓、誘導灯、消火器などの消防用設備が整い、建物内のようにフロアそのものが押しつぶされるようなリスクは少ないので、慌てて外に出ようとパニックにならないことが大切。

一般的な地下街には60ｍごとに非常口が設置されています。地上に出ようとしてひとつの出口に殺到すると危険です。落ち着いて状況を見極め、行動するようにしましょう。

まず、ショーウインドーのガラスや展示物から離れ、通路の中央や太い柱のそばなどに身を寄せます。

揺れが収まってから、落ち着いて避難し、係員の指示があれば、それに従いましょう。

エレベーターや乗り物に乗っているときは……

移動中は、どうする？

CASE
4

車で職場から帰宅中のD子さん。
会社を出発してしばらくした頃、
車内で大きな揺れを感じました。
運転中に大きな地震に遭ったのは初めて……。
こんなとき、どうしよう？

「エレベーターの中で地震に遭ったら……」

ビルの高層階で地震に遭った場合、避難するときにエレベーターは使用しないでください。エレベーター内にいるときに揺れを感じたら、すぐに行き先階のボタンをすべて押し、最初に停止した階で降りましょう。自動的に最寄り階で停止するエレベーターの場合、扉が開いた階で降ります。

閉じ込められた場合は、非常用のインターホンで通報して、救助を待ちましょう。最近のエレベーターは、安全機能が備えられた設計になっています。慌てずに行動しましょう。

「大地震で電車が緊急停止した！」

電車やバスでは、揺れを検知すると直ちに停止することになっており、急ブレーキになる場合もあります。立っている場合は、手すりやつり革をしっかり握って転倒しないよう注意しましょう。その後、姿勢を低くして頭をバッグなどでガードし、揺れが収まるのを待ちます。揺れが収まっても窓を開けて外に出るなどはせず、その場で乗務員の指示を待ち、指示通りに動きましょう。

●「車を置いて徒歩で避難するべき？」

急ブレーキによる玉突き事故やスピンなど、交通事故のリスクが考えられます。落ち着いて操作しましょう。また、緊急車両通行の妨げになるので、避難時は車を使用しないことがとても大切です。

運転中に大きな地震が起きた場合はハザードランプを点灯して徐々に減速し、前後の車に注意しながら道路の左側に停車しましょう。エンジンを切って、揺れが収まるまでは車外に出ず、カーラジオで災害情報を確認します。

避難するときはキーをつけたままにし、窓は閉めてロックはしないように注意。連絡先のメモを残し、車検証などの貴重品を持って徒歩で避難しましょう。

●「山間部の川でレジャーを楽しんでいたら地震が……」

海や川の河口部の近くは地震による二次災害が起こりやすい地域です。レジャーなどで訪れる際は、事前に避難場所を調べておき、揺れを感じたときは、速やかに高台に避難します。津波警報や避難勧告・指示が解除されるまでは戻らないこと。山間部では土砂崩れに注意し、速やかに安全な場所へ避難します。

カギは
つけっぱなし！
車検証
を忘れずに
持ち出す！

急に上がる水位に注意

台風・大雨のときは、どうする？

CASE 5

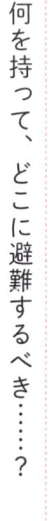

台風が来るため自宅待機していたE子さん。
雨の勢いはどんどん強まり、
ついにE子さんが住んでいる地域に
避難勧告が発令されました。
何を持って、どこに避難するべき……？
こんなとき、どうしよう？

●「台風が直撃する予報が出たら……」

自治体の多くは、住民向けの防災情報提供サービスを実施しています。登録しておくと、防災に関する情報をメール配信してくれるので、ぜひ利用しましょう。台風・大雨の予報がある日は、テレビ・ラジオの気象情報や気象庁のサイトをまめにチェックするのも大事。ベランダの排水口は掃除して水はけをよくして、風で飛ばされそうな植木鉢などは固定するか、家の中に入れます。

●「どんな格好で避難すればいいの？」

避難勧告が出されたら、非常持ち出し袋を持って避難します。夜間なら、何か光るものを身につけて、懐中電灯を持ちます。大雪の場合、白い服は目立たないので避けましょう。

●「避難のときは長靴？　運動靴？」

強風によって割れたガラスや木の枝が道路に散らばっていることがあるため、避難の際は底の厚い運動靴を使いましょう。

台風や大雨で避難のときは長靴にするか、運動靴にするかで迷いますが、浸水が深くて長靴の中まで水が入ってしまうようなら、運動靴のほうが歩きやすいでしょう。

浸水がそれほどでもない場合は、長靴を履いて足が濡れないようにすると、心理的なストレスも軽減されます。状況を見て、判断してください。

●「台風の風が強くて物が飛んでくる！」

台風など風の強い場合は何かが飛んできたり、落下してきて頭を直撃する可能性があります。ヘルメットがなければ、バッグなどでガードしましょう。

●「地域一体浸水して、水位が膝まで来た……」

水の深さが膝まできたら避難をあきらめ、2階など高い場所に上がって、水が引くのを待ちます。

地下街の多くは排水設備が整っていますが、普段地下街を歩いているときに避難経路などを確かめる習慣をつけておくのがおすすめです。

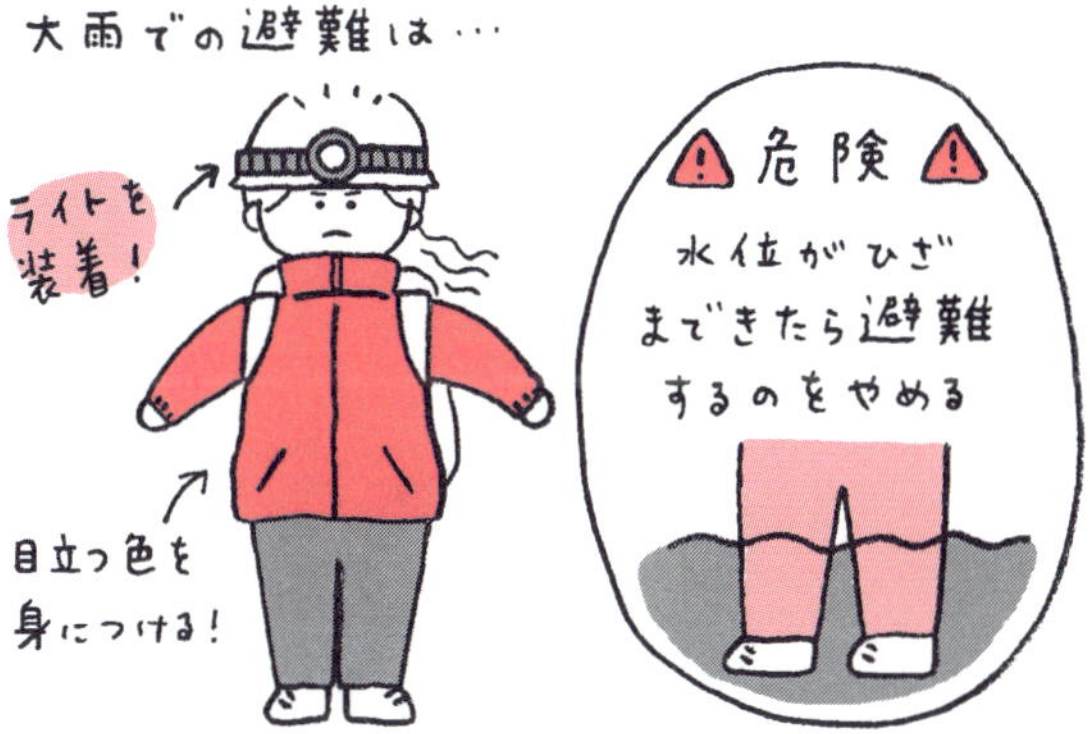
大雨での避難は…
ライトを装着！
目立つ色を身につける！
危険
水位がひざまできたら避難するのをやめる

ライフラインが途切れたら……

災害時の情報収集は、どうする？

CASE 6

休日、家で過ごしていて
大きな地震に遭ったF子さん。
揺れが収まってテレビを
つけようとしたけれど、停電でつかないみたい。
スマホの充電も残り半分以下……
こんなとき、どうしよう？

●「今の地震について情報収集しよう」

安全で的確な行動を取るためには、情報収集は欠かせません。地震の震源や被害が大きい地域、ライフラインや交通機関への影響を知ることは重要です。

情報は、インターネット、携帯ラジオ、テレビ、警察や消防、各自治体が配信する防災情報のメール配信サービスなどで確認できますが、地震発生直後は、ネットがつながりにくくなるので、ネットだけに頼らない情報収集を考えておきましょう。

●「SNSで拡散されている情報はホント？ ウソ？」

ネットで情報収集する場合、官公庁や自治体などが発信する情報かどうかを確認します。これまでも災害が起きたときには、デマの情報が流れています。チェーンメールやうわさなどに惑わされない

防犯
ネット
防災

ことが大切ですね。

特にSNSを使って情報収集するときは、情報の発信元をしっかりとチェックすることを心がけましょう。

●「停電中、スマホの充電も切れてしまった……」

完全に停電したときのために、手回しで充電できるタイプのラジオを用意しておきましょう。

スマホの充電も可能で、ライトもついているタイプだと心強いです。手回し充電に加え、乾電池での充電や太陽光充電もでき、防水加工がされているとさらに安心ですね。

太陽光充電ができるライトは、夜に足元を照らすライトとして、普段の生活の中でも使えます。

●「ネットもラジオも使えない……」

いざというときにネットで避難所を探そうとしてもネットがつながらない場合や、スマホの充電が切れる可能性もあります。自宅周辺のほか、通学・通勤ルートの周辺の避難所をあらかじめ確認しておきましょう。

テレビもネットも使えない状況になった場合は、情報を得るために迷わず避難所に行きましょう。避難所の掲示板に情報が掲示される場合があります。

SNSのデマに要注意
?
3日後に余震がくる!
△△動物園
クマが逃げた
□□市に

確認してみよう

• 避難所名称
• 自宅からの避難経路1
• 自宅からの避難経路2
• 家族との連絡方法
• 緊急時に持ち出すもの

自分の情報を書いておこう

● 名前（ふりがな）	
● 生年月日	● 血液型
● 住所	
● 電話番号	
● 学校・勤務先	
● アレルギー・持病	● 服用薬
● かかりつけの病院（名称・電話番号）	
● 緊急連絡先1（名前・電話番号・住所）	
● 緊急連絡先2（名前・電話番号・住所）	

本作品は当文庫のための書き下ろしです。

セコム・女性の安全委員会
（せこむ・じょせいのあんぜんいいんかい）

2007年秋発足。セキュリティ業界のリーディングカンパニーであるセコム株式会社の女性社員を中心としたメンバーで構成。
発足当初は主に20〜30代の働く女性向けに防犯・防災情報を発信。昨今は若年層をターゲットにしたインターネットやSNSを介した新たな犯罪被害が社会問題化していることから、「安全のプロとしての視点」と「女性としての視点」を活かし、年齢・ライフスタイルを問わず全ての女性の安全にかかわる啓発活動を行う。
1人でも多くの女性に防犯・防災を身近に感じて対策に取り組んで欲しいという想いから「女性の防犯セミナー」開催をはじめ、Webサイト「女性のためのあんしんライフnavi」、セコム 公式TwitterやFacebookのほか動画で防犯情報を紹介するYouTubeチャンネル「SECOMTV」など、さまざまな年代に合わせた情報発信を行っている。

公式サイト「女性のためのあんしんライフnavi」
https://www.secom.co.jp/anshinnavi/

だいわ文庫

防犯・防災　ひとり暮らしのあんしんBOOK

著者　セコム・女性の安全委員会
堀越穂波（コーポレート広報部）
寺本美保（コーポレート広報部）

二〇一九年四月一五日第一刷発行

発行者　佐藤 靖
発行所　大和書房
東京都文京区関口一―三三―四 〒一一二―〇〇一四
電話 〇三―三二〇三―四五一一
フォーマットデザイン　鈴木成一デザイン室
本文デザイン　山田知子（chichols）
本文イラスト　藤原なおこ
編集協力　桜井千穂
本文印刷　厚徳社　カバー印刷　山一印刷
製本　ナショナル製本

ISBN978-4-479-30756-3
乱丁本・落丁本はお取り替えいたします。
http://www.daiwashobo.co.jp